Josef Wilk

AUS DEM SCHATZ DES GLAUBENS

Josef Wilk

AUS DEM
SCHATZ DES GLAUBENS

Impulse für liturgischen Gruß, Kyrie-Rufe
sowie Gedanken und Überlegungen
zu den Evangelien
für Sonn- und Festtage
im Lesejahr C

Redaktionelle Betreuung
SR Philomena Buchhas

Zeichnungen:
Sr. Danuta Kaczor

Mit freundlicher Unterstützung der Marktgemeinde Guntramsdorf

Die Deutsche Bibliothek - CIP-Einheitsaufnahme

Wilk Josef:
Aus dem Schatz des Glaubens: Impulse für liturgischen Gruß, Kyrie-Rufe sowie Gedanken und Überlegungen zu den Evangelien für Sonn- und Festtage im Lesejahr C/Josef Wilk.

www.omvs.at

ISBN: 978-3-7013-1167-5

INHALTSVERZEICHNIS

DIE ZEIT IM JAHRESKREIS

FESTE IM JAHRESKREIS

… Jedem Menschen die befreiende Neuheit des Evangeliums verkünden,
ihm in allem nahe zu sein, was sein Dasein ausmacht
und seine Menschlichkeit zum Ausdruck bringt:
Darin besteht die ständige Herausforderung für die Kirche.

Schreiben von Papst Benedikt XVI.
an
Kardinal Jean-Louis Tauran

Aus dem Vatikan, 24. Mai 2005

ADVENT

Erster Adventsonntag

Liturgischer Gruß:

Der Herr, der will, dass wir danach streben,
die Zeichen der Zeit zu verstehen, sei mit euch.

Kyrie-Rufe:

Herr Jesus Christus,
du willst, dass wir die Zeichen der Zeit erkennen;
wir aber versuchen immer wieder, alles auf eigene Faust
zu ordnen und zu deuten.
Die Ordnung der Natur weist eindeutig auf die göttliche
Weisheit und die Vorsehung den Geschöpfen gegenüber
hin, die Menschen jedoch glauben oft ausschließlich an
die eigenen Kräfte und an das eigene Tun und Schaffen.
Du lässt uns in einer Welt leben, die gar nicht unproblematisch
ist; wir versuchen dennoch, viele Schwierigkeiten und
Probleme ohne dich und deinen Beistand zu lösen.

Gedanken
zum **Evangelium** nach **Lk 21,25-28.34-36**

Es werden Zeichen sichtbar werden

Wie einmalig die Zeit des Kirchenjahres ist und wie tiefgreifend die kirchlichen Feste sind, die in unser Glaubensleben eine ständige Bewegung bringen, können wir gleich am ersten Adventsonntag erleben. Heute beginnt das neue Kirchenjahr.

Wir entzünden die erste Kerze auf dem Adventkranz. Diese kleine Flamme ruft uns zu einem Leben aus der Kraft des Glaubens. Sie ist ein Zeichen der nie erlöschenden Liebe, die mitten unter uns Platz genommen hat. Mit dem ersten Adventsonntag wird uns zugleich die ganze Heilsgeschichte vor Augen gestellt und es wird uns verdeutlicht, was Gott uns Menschen anbietet. Alles nimmt seinen Anfang bei ihm, und alles wird bei Gott seine Vollendung finden.

Es gibt somit für einen Menschen nichts Schöneres als die Teilnahme an dem, was Gott sich in seiner Weisheit ausgedacht hat.

Jedes Fest und jede Feier bereichert unser Leben. Jede Verbindung mit dem lebendigen und lebensspendenden Gott verleiht unserem Leben Kraft und Ausdauer. Wir leben mitten in einer Welt, die gar nicht so unproblematisch ist. Deshalb wissen wir zu schätzen, was uns der Glaube im Alltag bedeutet und wie sehr wir zum wachsamen Leben aus dem Glauben aufgerufen sind.

So spricht auch das heutige Evangelium von letzten Dingen. Das heißt, wir Christen sollen *die Zeichen der Zeit immer im Hinblick auf Christus deuten* und das Leben wirklich aus der tiefen Verbindung mit Gott gestalten.[1]

Wir sind geboren, an der Lichtfülle teilzuhaben. Die Wolken der Hindernisse, die immer wieder auf dem Lebensweg auftauchen, werden nicht imstande sein, das feste Fundament zu zerstören, das wir dank der Erlösung in uns aufgebaut haben.

Es geht also darum, dass wir das *»Heute Gottes«* in unserem Alltag entdecken und das *»eigene Heute«* wahrnehmen, sogar richtig und bewusst auskosten. Nicht umsonst fordert uns Jesus im heutigen Evangelium zur Wachsamkeit und zum Gebet auf.

»Fange immer wieder an!«, lautet die Devise des ersten Adventsonntags. *Was ist denn unser aller Leben anders als ein ständiger Neubeginn!*[2]

Beginnen wir jeden Tag in Dankbarkeit, dass wir leben, aufstehen, arbeiten und wieder etwas lernen können. Versuchen wir, ein Leben in der Gegenwart Gottes zu leben bzw. zu gestalten, ein Leben in der Perspektive, die auf Jesus gerichtet ist.

---

[1] vgl. J. Paul II, Predigt am 25. Oktober 2002, in: L´Osservatore Romano Nr. 48/2002, S. 10.

[2] vgl. R. Steitenbrink (Hg.), Lichtsekunden, Freiburg im Breisgau 1994, S. 14.

So werden wir einen neuen Zugang zu all den Geschehnissen um uns gewinnen können. Wir erleben täglich letzte Dinge, d. h. Gegebenheiten, die nicht mehr rückgängig gemacht werden können, z. B.

- eine verpasste Liebe,
- ein unausgesprochenes Wort,
- zu wenig Wärme,
- zu wenig Lächeln und Zufriedenheit usw.

Fangen wir immer wieder an, unabhängig von den äußeren Problemen, den inneren Sorgen und immer wiederkehrenden Enttäuschungen, die uns die anderen bereiten, die aber auch unser Leben beeinflussen wollen.

Fangen wir immer wieder mit einem Strahl der Liebe Gottes an, den wir gezielt in unser Inneres hineinlassen müssen. Gott ist stets bereit, uns zu helfen, damit dieser Strahl seiner Liebe nie ausgelöscht wird.

Denn in wem eine innere Lampe brennt, dessen Leben wird immer gesegnet sein, weil der Glaube die Sonne des Lebens ist.[3]

---

[3] vgl. M. Gandhi, Quellen des inneren Friedens, Freiburg im Breisgau 1999, S. 62 u. 54.

Zweiter Adventsonntag

Liturgischer Gruß:

Der Herr, der allen Menschen das Heil anbietet, sei mit euch.

Kyrie-Rufe:

Herr Jesus Christus,
du willst dich der Menschen bedienen, die einen besonderen
Spürsinn für die Sache Gottes haben; wir verschließen
uns oft unbegründet deinem Ruf und Auftrag.
Du willst in jedem von uns besondere prophetische Kräfte
wecken; wir nehmen vielfach nicht wahr,
wozu du uns befähigen möchtest.
Du zeigst, dass die Einzigartigkeit des Lebens sich erst in
Verbindung mit Gott völlig entfaltet; wir aber beschränken uns
auf unsere eigenen Begabungen und Bemühungen.

Gedanken
zum **Evangelium** nach **Lk 3,1-6**

Da erging in der Wüste das Wort Gottes an Johannes

Es gab und es gibt immer noch Menschen, die sich Gott vorbehaltlos zur
Verfügung stellten und stellen.
Solche »Gottgeweihten« verweilen weder unter Personen, die weltliche
Anerkennung suchen und hohes Ansehen genießen, noch unter denen, die
mächtigen Einfluss ausüben wollen. Ihr Leben besteht aus einer wahren
Ergebenheit, Gott wirklich dienen zu wollen. Sie schenken nicht die ge-
ringste Beachtung all dem, was in den Köpfen der anderen vor sich geht.
Der Glaubensakt überwältigt diese Menschen mit solcher Kraft, dass sie
alles Gott anheimstellen.
Am bezeichnendsten für ihr geistliches Leben ist der totale Verzicht auf
ein eigenes Konzept, auf ängstliche Sorgen, auf Überlegungen, wie sie ihr

Glaubensleben führen sollten.[4)]

Der im heutigen Evangelium angesprochene Johannes der Täufer gehört zweifellos auch zu dieser Menschenkategorie.

Johannes stellt sein ganzes Leben in den Dienst Gottes. Er verlässt die bewohnten Gebiete, um in der Wüste zu leben. Er will bewusst zu all dem, was in der Welt geschieht, auf einer gewissen Distanz bleiben, also
- zu den Häusern, wo Menschen streiten und schimpfen,
- zu den lieblosen, neidischen Blicken, die scheinbar höflich sind,
- zu den Versprechungen, die nie eingehalten werden,
- zu den unbegründeten Eifersüchteleien, die mehr zerstören, als man glaubt,
- zu den üblen Nachreden, die töten, auch wenn man sie als harmlos ansieht,
- zu den kalten, unpersönlichen Begegnungen im Kreis der nahestehenden Menschen,
- zu den nie endenden Gesprächen über andere, die zeigen, dass man nur die eigenen Probleme verdrängt und damit nicht fertig wird.

Johannes sucht vor allem ein wahres, ungestörtes Leben im Gebet. Er will kein Rumoren in der Synagoge und keine Menschenmengen im Tempel erleben. Sein Wesen und seine Lebenseinstellung greifen viel tiefer, nämlich zu jenen Wurzeln, die den Menschen als Menschen leben lassen.

Trauen wir uns, mehr auf die anderen zuzugehen, damit wir dem Ruf, der von Johannes dem Täufer an uns ergeht, gerecht werden.

Da wir den Menschen von damals einen Schritt voraushaben, nämlich mit dem Hl. Geist getauft zu sein, brauchen wir nur die Angebote wahrzunehmen, die uns Christus selbst gemacht hat, seine Sakramente, vor allem das Sakrament der Versöhnung. *Gerade die Wüste, die sich schweigend und grenzenlos vor ihm ausbreitet, lädt ihn ein, deren Mitte zu suchen, wo er allein, allein mit Gott sein kann.*[5)]

Solange der Mensch die Mitte seines Lebens nicht entdeckt, d. h. den Faden zwischen Gott und sich, so lange werden seine Wege weder gerade noch eben sein.

Gott geht mit jedem Menschen durch das Leben. Von Anfang an begleitet er ihn, in seinen guten und in schlechten Zeiten. Zugleich besteht aber die

---

[4)] vgl. C. Carretto, In der Wüste bist du bei mir, Freiburg im Breisgau 1991, S. 157-158
[5)] ibidem, S. 158.

größte Kunst und Gunst des Lebens darin, dass man Gottes Walten und seinen Willen in jedem Augenblick des Lebens entdeckt.

Johannes hat den Messias vorausgesagt und die Damaligen auf ihn hingewiesen.

Wir dagegen befinden uns in einer ganz anderen, aber glücklichen Situation, weil wir Jesus nicht nur kennen, sondern ihn in unserem Alltag wahrnehmen und erfahren dürfen.

Was bedeutet also der Aufruf des Johannes für uns konkret?

Nirgends erfahren wir wahre Liebe und Zuneigung außer an einem einsamen Ort, wo wir mit Gott allein sein können.

Nichts ersetzt die Erfahrung eines innigsten Gebetes.

Vergessen wir vor allem nicht, dass wir das, was die Gnade Gottes aus uns machen kann, auch nicht vorauszusehen und zu ahnen vermögen.

Wagen wir es, mehr auf Gott als auf Menschen zu setzen, so werden wir die wirkungsvolle göttliche Macht, die jedes Leben verwandeln kann, hautnah erfahren.

Dritter Adventsonntag (Gaudete)

Liturgischer Gruß:

*Der Herr, der uns zur wahren Erkenntnis der eigenen
Unvollkommenheit führt, sei mit euch.*

Kyrie-Rufe:

Herr Jesus Christus,
  auf die Frage »Was sollen wir tun?« antwortest du immer
  mit dem Ja zum Leben und zum Lieben.
Die Unwissenheit und Unsicherheit in vielen Lebensfragen
  beseitigst du mit deiner Aufforderung zu den Schritten,
  die auf den Nächsten hingerichtet sind.
Die Wege unseres Lebens beginnen in und mit dir, wir aber
  zögern immer wieder, unser Leben mit dir ganz zu wagen.

Gedanken
zum **Evangelium** nach **Lk 3,10-18**

Das Volk war voll Erwartung

Während wir auf die großen Persönlichkeiten der Gegenwart – ich denke hier vor allem an die, die mit ihrem ganzen Leben Gott vorbehaltlos dienen – unsere Aufmerksamkeit lenken und diese Personen auch bewundern, stellt uns die Kirche in der Adventzeit die Gestalt Johannes des Täufers vor Augen.

Dies tut sie aus einem einfachen Grund. Die große Sehnsucht der Erwartung auf den verheißenen Messias ist in Johannes viel mehr als in anderen Menschen des auserwählten Volkes gewachsen und gereift, so dass er sich aus der Fülle dieser Sehnsucht zu einem Wegbereiter entwickelt hat. Die Menschen, die zu ihm gekommen sind, haben sein inniges Verlangen der Begegnung mit dem Messias sofort entdeckt und erkannt, dass dieser Rufer in der Wüste doch Wahrhaftigkeit, also Geradheit, und Bekennermut besitzt.

Somit bleibt Johannes weiterhin ein Vorbild für alle, die Jesus finden wollen, und einer, den die zukünftigen Generationen nachahmen sollten.

Im Grunde genommen besteht zwischen Johannes und all jenen, die in unserer Zeit für Christus eintreten, eigentlich kaum ein Unterschied, vielleicht nur in der äußeren Art und Weise ihres Engagements, aber nicht in der inneren Einstellung und Überzeugung für die Sache Gottes.

Solche engagierten Menschen, die aus Gott leben, versuchen mit all ihrem Wesen und ihrem Dasein auf Gott, der tatsächlich mitten unter uns zu finden und zu entdecken ist, hinzuweisen.

Ob es Johannes in seiner Mission leichter hatte, weil die Damaligen eher gläubig waren, können wir nicht feststellen. Wir wissen aber im Allgemeinen, wie schwierig es überhaupt ist, Gott den Menschen näherzubringen.

Unser einundzwanzigstes Jahrhundert zeigt unmissverständlich, dass noch sehr viele Menschen Gott gleichgültig gegenüberstehen. Das wohlhabende Europa findet nicht einmal Platz für Gott in der Verfassung.

Johannes ist ein Zeuge der Wahrhaftigkeit. Er weist auf das richtige Verhalten hin, auf moralische Prinzipien, die das Leben nicht nur erträglicher, menschlicher und friedlicher, sondern gottgefälliger machen könnten.

In der Welt, auch in unserer Wahrnehmung der zwischenmenschlichen Beziehungen existieren zwei Richtungen, die absolut verschieden, sogar entgegengesetzt sind. Es geht um die Richtung der Gottverbundenheit und der Erkenntnis des Daseins und Wirkens Gottes unter den Menschen und um die zweite Richtung, die von Gleichgültigkeit dem Glauben gegenüber bis zur Gottlosigkeit reicht.

Was sollen wir also tun, wenn wir uns heute und jetzt der Frage, die die Menschen an Johannes gestellt haben, anschließen?

Vergessen wir dabei eine Tatsache nicht, dass das *Christsein nicht eine bloße Lehre jenseits des Alltags ist, sondern die innerste Triebkraft des Handelns, die unser Leben umgestaltet.*[6]

Der Glaube müsste unseren Alltag und unser gesamtes Leben prägen.

Der Mensch kann vieles erreichen und an vielem Anteil haben. Verliert er aber den Blick auf Gott, werden sein Erfolg und sein Glück immer relativ bleiben und neue Unzufriedenheit wecken.

Wenn wir also kraft des Glaubens die Mühsal des Alltags in Freude zu bewältigen suchen, werden wir merken, wie sich die Welt in und um uns

---

[6] K Wagner, Denkanstöße, Hildesheim 1979, S. 16.

verwandelt. *Was wir glauben, interessiert die Leute, unter denen wir le-ben, nicht, allermeistens nicht. Nicht über den Inhalt unseres Glaubens werden die Zeitgenossen uns unmittelbar ausfragen. Ihre dringenden, wenn auch stummen Fragen meinen etwas anderes:*
»Was bedeutet für euch überhaupt glauben? Wozu ist der Glaube gut?«
Und falls wir der Frage nicht ausweichen und nach einer Antwort suchen, werden wir merken, dass der Glaube für uns eine Denkart, eine Lebens-einstellung und ein inneres Verhalten ist. Ohne diesen tiefen Glauben könnten wir eigentlich gar nicht leben.[7]
Der Glaube verleiht uns vor allem einen wahren Lebenssinn und eine echte Lebensfreude, denn es gibt nichts Überzeugenderes für die anderen als die Freude, die aus dem Glauben fließt. Diese werden die anderen in jeder Begegnung mit uns entdecken.

---

[7] vgl. M. Delbrel, Wir Nachbarn der Kommunisten, Einsiedeln 1975, S. 205.

Vierter Adventsonntag

Liturgischer Gruß:

Der Herr, der uns in Elisabet eine Frau des Gespürs
für die Sache Gottes geschenkt hat, sei mit euch.

Kyrie-Rufe:

Herr Jesus Christus,
dank dir sollen wir zu schätzen wissen, wie wichtig und
*   einmalig die zwischenmenschlichen Begegnungen sind.*
Du lehrst uns die Sprache der Liebe zu begreifen.
Du willst uns den unerschrockenen Glauben vermitteln,
*   der in der völligen Hingabe an Gott seine Realisierung*
*   findet.*

Gedanken
zum **Evangelium** nach **Lk 1,39-45**

Selig ist die, die geglaubt hat

Der Besuch Marias bei Elisabet, wie ihn der Evangelist Lukas beschreibt, weist in seiner Kürze auf besondere Merkmale hin, die die Begegnung zwischen diesen zwei Frauen unvergesslich machen.
Es sind:
- die Umstände der Empfängnis,
- Mariens Mut, zu ihrer Verwandten zu gehen,
- die Begrüßung Marias durch Elisabet, als ob diese alles gewusst hätte; sie bezeichnet das junge Mädchen als Mutter ihres Herrn und als Gesegnete unter den Frauen,
- letztlich die Freude über das im Schoß getragene Kind, den künftigen Johannes.
Es ist eine friedvolle Begegnung und es sind für diese werdenden Mütter ereignisreiche Tage.
Das Geheimnis des Glaubens, nämlich ihres Glaubens, lässt diese Frauen das verstehen, was niemand zu begreifen vermag.

Der Glaube von Elisabet heißt vertrauendes Hoffen.

Der Glaube von Maria heißt grenzenloses Gottvertrauen und vorbehaltlose Liebe.

Die beiden verstehen am besten, dass es für einen Menschen keinen anderen Lebensweg, d. h. keinen sinnvolleren als den Weg des Glaubens und der Gottverbundenheit, gibt.

Sie leben, weil sie glauben.

Sie freuen sich, weil sie glauben.

Sie begegnen einander mit Liebe, Verständnis und Offenheit, weil sie glauben.

Der Glaube ist Antwort, Halt und Inhalt ihres Lebens.

So sind Maria und Elisabet in dieser Hinsicht für alle zukünftigen Generationen, die aus dem Glauben ihr Leben gestalten wollen, nicht nur ein lebendiges Beispiel, sondern eine Stütze im Streben danach, was gottgefällig ist.

Für Menschen, die wenig Zeit füreinander haben, die ihre Besuche, wenn nicht auf Minuten, dann höchstens auf eine knapp bemessene Zeitspanne ausdehnen – zu diesen zählen auch wir –, gibt dieses Beispiel sicherlich einen neuen Stoff zu Überlegungen, was eine Begegnung überhaupt bedeuten könnte; denken wir zuerst an Zacharias während seines Dienstes im Tempel, als der Engel Gabriel ihm Johannes ankündigt, dann an Maria in der Stille des Hauses von Nazaret bei der Verkündigung und nicht zuletzt an die Begegnung von Maria und Elisabet in Ain-Karim.

Solche Begegnungen haben in den Betroffenen unerwartete, aber grandiose Veränderungen bewirkt.

Denken auch wir darüber nach, was wir durch eine Begegnung erleben konnten, was uns der eine oder andere Mensch vermittelt hat.

Gibt es Menschen in unserem Leben, denen wir viel verdanken und an die wir uns freudigen Herzens erinnern?

Gibt es Begegnungen, die so beeindruckend und einmalig gewesen sind, dass sie nachhaltig auf uns gewirkt haben und wir sie nie vergessen werden?

Wer hat uns geholfen, wer ist uns menschlich und liebevoll begegnet?

Für welche Begegnung müssten wir Gott besonders danken?

Begegnungen können das Leben verändern und dazu bewegen, eine ganz neue Richtung einzuschlagen.

Begegnungen können auch bereichern, neue Impulse, Energie, Mut und Hoffnung verleihen.

Vielen ist vielleicht gar nicht richtig bewusst, wie viel Positives und Gutes sie durch eine Begegnung schenken können.

Deshalb sollte sich jeder fragen:

Wie begegne ich einem anderen Menschen?

Offen, aufgeschlossen, freundlich und verständnisvoll oder distanziert, kühl, nüchtern und unnahbar?

Begegne ich einem mit dem Blick der Freude und des Einvernehmens?

Ist es mir schon gelungen, jemandem wirklich zu helfen?

Solche Fragen können wir beliebig fortsetzen, damit wir aus den ehrlichen Antworten ersehen, welche Beziehung zum Nächsten wir bei Begegnungen herstellen.

Begegnung gehört zweifellos zu den großen Botschaften des Advents.

Es naht nämlich der Tag unserer Begegnung mit dem, den Maria getragen und Elisabet als ihren Herrn erkannt hat.

Wird durch diese Begegnung auch mir ein Stück des Himmels, das dieses Kind meinem Alltag und meinem ganzen Leben vermitteln will, zuteil werden?

DIE
WEIHNACHTS-
ZEIT

Die Heilige Nacht

Liturgischer Gruß:

Der Herr, der unsere menschliche Natur
angenommen hat, sei mit euch.

Kyrie-Rufe:

Herr Jesus Christus,
- zu uns gekommen, damit jeder Einzelne begreift,
    wie Gott ihn in seine Liebe eingeschlossen hat.
- zu uns gekommen, damit die Erde und die Menschheit ein neues
    Antlitz, das von Liebe geprägt ist, gewinnen können.
- zu uns gekommen, um unsere irdische Existenz zu vergöttlichen.

Gedanken
zum Evangelium nach Lk 2,1-14

In jenen Tagen

So kostbar sind der Mensch und die Menschheit in ihrer Ganzheit für Gott, dass er Mensch geworden ist. *»Heute ist uns der Heiland geboren«* (vgl. Lk 2,11). *Diese Botschaft enthält eine unerschöpfliche Kraft der Erneuerung und erklingt in dieser Weihnachtsnacht, die nicht umsonst »Heilige Nacht« genannt wird, mit besonderer Eindringlichkeit.*[8] Die Geburt dieses Kindes überschreitet ja die Zeit. Die Botschaft von seiner Geburt überdauert alle Jahrhunderte. Sie ist nicht nur für die Nacht zu Betlehem gedacht. Sie hat an ihrer Aktualität bis heute nichts verloren.
So feiern wir am heutigen Abend die besondere Verbindung der Gottheit mit der Menschennatur, die stets fortdauert, denn Weihnachten ist ein Fest der unwiderruflichen Verbindung, die Gott selbst zu uns Menschen

---

[8] vgl. J. Paul II, Predigt bei der Mitternachtsmesse, in: L'Osservatore Romano Nr. 1/2001, S. 8.

schafft. Dieses Geschehen bedeutet zugleich einen neuen Anfang für die gesamte Menschheitsgeschichte, so damals wie heute.

Mit Jesus beginnt *das allumfassende Reich, das Reich der Wahrheit und des Lebens, der Gerechtigkeit, der Liebe und des Friedens,* zu dessen Aufbau wir aufgerufen und berufen sind, vor allem Mitschöpfer des Friedens zu sein.[9] Lassen wir uns von Jesus zu Friedensboten und Friedensstiftern erziehen. Lassen wir uns im Glauben erziehen, damit wir das Christliche ins tägliche Leben umsetzen können. Ohne uns kann auch Gott das nicht verwirklichen, was er vorhat. Gott braucht jeden von uns!

Weihnachten lässt uns außerdem begreifen, wie nahe wir Gott sein dürfen und woran wir schon jetzt Anteil haben.

Gott ist in die Niedrigkeit der menschlichen Natur hinabgestiegen, damit keiner mehr sagen kann: Ich habe Gott in meinem Leben nicht erfahren. Gott nötigt jedoch niemanden. Die Möglichkeit, ihn zu erfahren und zu ihm einen Weg zu finden, besteht vor allem im Erkennen bestimmter Zeichen, die Gott in unserem Leben setzt. Solche Zeichen haben damals die Hirten auf Betlehems Fluren und die Weisen aus dem Morgenland wahrlich erkannt. Achten wir darauf, dass wir Zeichen, die uns gesetzt sind, nicht übersehen.

Wie sollte also die Botschaft der heutigen Nacht für uns lauten?

Sie klingt wie jeder Ruf Gottes einfach und unmissverständlich:

Entdecke das Göttliche in dir!

Entdecke Jesus in deinem Leben!

Entdecke ihn täglich, und du wirst ein anderer Mensch sein!

Vergiss dabei nicht, dass *Gott stets von dir »träumt«! Er denkt an dich, weil er dich liebt. Und es ist wahr, dass seine Liebe dich geschaffen hat, als Einzelstück und nicht als Serienfabrikat, wie nie einer vor dir und nie einer nach dir. Du bist notwendig für die Menschheit.*[10]

Entdecke das Göttliche zugleich in deiner unmittelbaren Umgebung, in den anderen Menschen, in der Gesellschaft und in der Welt, in der du lebst! Vor allem aber entdecke Gott mitten in allen Geschehnissen, besonders dort, wo Gutes verbreitet und die Liebe gelebt wird!

———

[9] vgl. Präfation zum Christkönigssonntag
[10] vgl. M. Quoist, Herr, da bin ich, Graz-Wien-Köln 1997, S. 111.

Habe keine Angst vor Kriegen, Unruhen, vor Naturereignissen und ängstige dich vor allem nicht vor Menschen, auch wenn sie böse sind, denn alles Zeitliche ist begrenzt und vergeht! Das Göttliche, das in uns ist und aus dem Glauben heraus unseren Alltag prägt, kann durch nichts zerstört und vernichtet werden.

Was bleibt, ist uns heute in der Nacht zu Betlehem verkündet worden: *»Fürchtet euch nicht,... Heute ist euch in der Stadt Davids der Retter geboren; er ist der Messias, der Herr«* (Lk 2,10-11). In diesem kleinen Kind beginnt unsere wahre heutige Menschwerdung.

Diese Menschwerdung und damit unsere Nähe zu Gott beginnt dort, wo wir unsere Schwächen nicht leugnen, unsere Fehler nicht in anderen bekämpfen, unser Misslingen annehmen und das Fremde und Andere durch eigenes Selbstvertrauen schätzen. Ja, das wäre der Anfang unserer Menschwerdung, und schon dadurch bekäme dieses Fest seinen Sinn.[11]
Wenn wir heute vor der Krippe stehen, bringen wir alles, was uns am Herzen liegt, mit uns. Sprechen wir mit der Sprache des Herzens, die Jesus am besten versteht.

Überlegen wir jene Worte, die vor Jahren Bischof Franz Kamphaus gesagt hat: *»Mach's wie Gott, werde Mensch!«* Das ist die einfachste Botschaft der Heiligen Nacht und das, was uns heute an Weihnachten zu einem neuen Schritt nach vorne herausfordern müsste, damit unser Leben zu einem Leben der Kinder Gottes in Freiheit wird.

---

[11] vgl. R. Breitenbach, Sechs-Minuten-Predigten, Freiburg im Breisgau 2003, S. 24.

Christtag

Liturgischer Gruß:

Der Herr, der durch seine Menschwerdung jede Empfängnis
heiligt und jede Geburt als Gottes Vorsehung bestätigt,
sei mit euch.

Kyrie-Rufe:

Herr Jesus Christus,
- zu uns gekommen, damit wir begreifen, was lieben heißt.
- zu uns gekommen, um zu zeigen, wie kostbar jedes Leben ist.
- zu uns gekommen, um zu offenbaren, wie die Menschheit
und die Welt ins Herz Gottes eingeschlossen sind.

Gedanken
zum **Evangelium** nach **Lk 2,15-20**

So eilten sie hin

Die unstillbare Sehnsucht der Menschen nach dem Unendlichen und Göttlichen, nach Freude und Frieden, nach Gerechtigkeit und Liebe wird in keinem anderen Ereignis so erfüllt wie in der Geburt des kleinen Kindes zu Betlehem.

Was damals geschehen ist, kann kaum ein Mensch richtig begreifen und dennoch weiß jeder, was die Menschwerdung bewirkt hat.

Nie vorher und nie nachher hat irgendein Geschehnis die Menschheit und die Welt so verändert wie die Geburt Jesu.

Deshalb müssen wir das Weihnachtsfest immer in einem umfassenden Sinn verstehen und feiern.

Es ist ja nicht nur ein Gedächtnis an die längst vergangene Geburt, sondern es ist weiterhin die aktuelle himmlische Botschaft, die Gott den Menschen kundtun ließ: *»Verherrlicht ist Gott in der Höhe und auf Erden ist Friede bei den Menschen seiner Gnade«* (Lk 2,14).

Denn im Gesicht dieses Kindes spiegelt sich das Antlitz Gottes wider,

- der mit unseren menschlichen Augen die Welt anschaut und die Schönheit der Natur bewundert, aber auch die Not der Menschen sieht und wahrnimmt,
- der mit unseren Ohren die menschlichen Worte versteht, den Schrei nach Gerechtigkeit und Befreiung,
- der mit unserem Mund die Botschaft seiner Liebe verkündet, um dieser unserer Erde die Ordnung des verlorenen Paradieses wiederherzustellen, damit sie friedvoller und menschenwürdiger wird,
- der unsere Sprache zu seiner Sprache macht, indem er lehrt, wie wir beten sollen, und damit das größte Geheimnis seiner Gegenwart durch unsere Worte zu seinem Leib und Blut werden.

Durch seine Gegenwart in Brot und Wein *entsteht in uns das Wunder, vor dem wir alle, die wir es kennen, anbetend die Knie beugen und die Hände falten. Das zeugt von unserer Verwurzelung in Gott, von der Ermächtigung, ihm zu glauben, von der Befreiung, für sich selbst zu leben und von der Möglichkeit, in allem seinen Willen zu tun.*[12]

Somit ist Weihnachten die Geburt der großen Chance einer geistigen Erneuerung, die jeder einzelne Mensch, aber auch die gesamte Menschheit braucht. Weihnachten bietet stets einen Durchbruch. Wir leben noch in einer unheilen Welt, wo Kriege geführt und Menschen getötet werden, wo die Natur der Willkür und Habgier, den Unberechenbaren und Rücksichtslosen zum Opfer fällt.

Gott schaut trotzdem mit einer enormen Geduld zu und wartet. Gott blickt stets mit großer Hoffnung auf die Menschen. Er glaubt an jeden und sieht in jedem das Gute. Er lässt sogar zu, dass wir irren und Fehler machen, dennoch gilt seine Liebe weiterhin ohne Unterschied allen Menschen, den guten und den bösen.

Das heutige Fest darf uns nicht gleichgültig sein lassen. Deshalb müssten wir bei uns mit einer gewissen Erneuerung beginnen, vielleicht durch eine Reflexion

- über unsere Beziehung zu jenen Menschen, die Gott auf unseren Lebensweg gestellt hat,

---

[12] vgl. A. Schlattner, Die Freude des Glaubens, Siebenstern 1978, S. 25.

- über die Möglichkeit, den ersten Schritt zu unternehmen, wo etwas abgebrochen worden ist,
- über die Entdeckung neuer Perspektiven dort, wo fast keine Aussicht auf etwas Besseres besteht,
- über die vielfältigen Hilfen und den Beistand, die wir den anderen anbieten können, indem wir ihnen Trost in ihrer Bedrücktheit schenken, ein gutes, ermutigendes Wort in ihrer Niederlage übermitteln und ihnen helfen, neuen Mut fürs Leben zu fassen.

Mit der Hoffnung auf den Sieg des Lichtes von Betlehem, das auch unseren Alltag erhellen will, schreiten wir voll Freude und Zuversicht in das neue Jahr, das vor uns liegt, damit wir mit allen Menschen, eben als eine große Familie Gottes, die weiteren Tage in Eintracht und Frieden gestalten können.

Stefanitag

Liturgischer Gruß:

Der Herr, der uns ermutigt, für ihn einzutreten,
sei mit euch.

Kyrie-Rufe:

Herr Jesus Christus,
wir sind aufgerufen, zu jeder Zeit Zeugnis für dich abzulegen;
uns fehlt immer noch der Mut, die Zugehörigkeit zu dir
öffentlich zu bekennen.
Du suchst Standhaftigkeit und Ausdauer im Bekenntnis des
Glaubens; wir sind oft den augenblicklichen Gegebenheiten
ausgeliefert und wissen nicht, wie wir tatsächlich handeln
sollen.
Du würdest so gern in jedem von uns einen echten
Glaubenszeugen sehen; wir verdecken so schnell unsere
Zugehörigkeit zu dir und den Glauben an dich.

Gedanken
zum **Evangelium** nach **Mt 10,17-22**

Ihr werdet um meinetwillen vor Statthalter und Könige geführt

Die menschliche Ohnmacht und die daraus folgende Niederlage bedeuten nicht immer eine Vernichtung, weil die Kraft des Wirkens einer Person über alle zeitlichen Grenzen hinausreicht.

Ein Mensch stirbt nicht durch den Tod; er wird geboren, um zu leben, für immer zu leben.

Das Leben beinhaltet unvergängliche Werte, die es lebenswürdig machen; es bleibt aber vor schlechten und negativen Erlebnissen, vor Nöten und Enttäuschungen nicht verschont. Niemand kann nur glücklich sein. Obwohl das Glück ein wesentlicher Faktor für unser Leben ist, wird es jedoch erst bei Gott vollkommen sein.

Der Mensch bleibt auf Erden immer nur ein Mensch, in seiner Größe und seiner Niedrigkeit, in seiner Geistigkeit und Leiblichkeit, in seiner Grenzenlosigkeit des Schaffens und in seiner Begrenztheit des Fassungsvermögens und Könnens, er bleibt aber ein Mensch mit Leib und Seele.

Was aus dem Menschen einen wahren Menschen und aus seinen Fähigkeiten die Fülle des Lebens macht, das sind der Glaube und die Verbindung mit Gott. Der Glaube ist die lebenspendende Ader, die den Menschen nicht aus seiner eigenen Kraft, vielmehr aber aus Gottes Kraft und seiner Gnade richtig leben lässt.

An Gott zu glauben bedeutet nicht nur Gewinn, sondern die Sicherheit, ein sinnvolles und erfülltes Leben zu führen. Nach diesem Prinzip hat der Heilige des heutigen Tages, nämlich Stephanus, ein Mann voll Geist und Weisheit, gelebt. Er hat gewusst, dass »glauben« mit Konsequenzen verbunden ist. Seine Treue zu Christus hat er mit dem Leben bezahlt.

So wird auch uns klarer, was die Treue Gott und dem Glauben gegenüber bedeutet. Sie ist eine Bindung für ein ganzes Leben, die weder durch Lebensprobleme, Verlust, Leid, Krankheit noch durch Enttäuschungen gelöst werden darf. Die Glaubenstreue müsste unsere Lebensweise und den Lebensweg mit Gott wie das Leben mit einem Partner, dem man bis zum Schluss treu bleibt, bestimmen.

Die Treue besteht aber auch in der Fähigkeit, diesem Sinn, den einer seinem Leben freiwillig gegeben hat, treu zu bleiben. Sie ist die Fähigkeit und der Wille, dafür zu kämpfen, um die unvermeidlichen Hindernisse dieses freigewählten Weges in positive Elemente zu verwandeln.[13]

Aus der Glaubenstreue müsste in uns die feste Zuversicht wachsen, dass wir mit Gott alles bewältigen können. Dies ist im gewissen Sinn auch die Botschaft des heutigen Tages.

Ein Mensch, der sein Vertrauen auf Gott setzt, braucht sich weder um den heutigen Tag noch um die Zukunft Sorgen zu machen.

Warum sich Sorgen machen…, sagt Frère Roger. Durch Besorgnis kann man nichts erreichen. Jesus lässt uns jeden Tag an den Quellen des Glaubens den Frieden des Herzens finden, der so nötig ist, um ihm nachzufolgen und uns inwendig aufzubauen.[14]

Die Stärke unseres Lebens liegt im Glauben.

Jemand, der sich einmal von Gott hat ergreifen lassen, wird immer wieder spürbar erleben und erfahren, dass Gott ihn nie verlässt.

----

[13] vgl. M. Quoist, … mit offenem Herzen, Graz Wien Köln 1982, S. 158.

[14] vgl. M. Teresa, F. Roger, Gebet - Quelle der Liebe, Freiburg im Breisgau 1999, S. 55.

Fest der Heiligen Familie

Liturgischer Gruß:

*Der Herr, der jede Familie mit seinem besonderen Segen
begleitet, sei mit euch.*

Kyrie-Rufe:

*Herr Jesus Christus,
durch deine Anwesenheit als 12-jähriger Junge im Tempel
hast du unseren Familien ein Beispiel
der Pflege der religiösen Bräuche gegeben.
Durch deine Entscheidung, in dem zu sein, was deinem Vater
gehört, willst du uns auf die richtigen Gründe zum Verweilen
im Gotteshaus aufmerksam machen.
Durch deine innigste Beziehung zu Gott, dem Vater,
zeigst du uns, worauf die echte Frömmigkeit
und die Verbindung mit Gott fußen.*

Gedanken
zum **Evangelium** nach **Lk 2,41-52**

Warum habt ihr mich gesucht?

Die Erzählung von der Auffindung Jesu im Tempel schildert eines der aufschlussreichsten Ereignisse, die wir aus dieser Zeitperiode kennen.
Ich möchte uns zuerst mit dem allgemeinen und dann mit dem religiösen Brauchtum vertraut machen.
Maria und Josef sind nicht nur pflichtbewusst, wenn sie jedes Jahr vom nördlich gelegenen Nazaret fast 100 km nach Jerusalem pilgern, sondern Menschen, die in allem das Gesetz des Herrn zu erfüllen versuchen, um dadurch ihre Treue zum Glauben und zum heiligen Brauch zum Ausdruck zu bringen.
Sie wären gar nicht verpflichtet gewesen, diesen Weg zu unternehmen, weil das Gesetz von ihnen, die so weit weg gewohnt haben, nicht verlangt hätte, dass sie jedes Jahr im Tempel erscheinen. Es ist jedoch der Wunsch ihres Herzens gewesen, nach Jerusalem zu pilgern.

Als Jesus das Alter von zwölf Jahren erreicht hatte, wurde er von seinen Eltern das erste Mal zum Paschafest mitgenommen. Normalerweise waren zu solchen Feierlichkeiten bis über 100 000 Pilger gekommen, die Bewohner Jerusalems nicht mitgezählt. In diesem Gedränge wollte man die Kinder nicht immer gerne dabeihaben.

Jesus wäre zwar erst mit dreizehn Jahren verpflichtet gewesen, das Gesetz zu erfüllen. Seine Eltern wollten vermutlich nicht länger warten, um ihm das größte Heiligtum zu zeigen und ihn in die damit verbundenen Bräuche einzuführen.

Niemand kam mit leeren Händen zum Tempel. Am Vorabend vor dem hohen Festtag aß man im Kreis der Familie und der Verwandten das Lamm. Alle waren fröhlich, sangen und tanzten. Man versuchte den Maximen zu folgen: *»Es gibt keine Fröhlichkeit ohne Essen und Trinken«* sowie *»Ihr sollt fröhlich sein vor Gott euerem Herrn«* (Dtn 14,22-26). *Das Paschafest, bis heute eines der wichtigsten Feste des Judentums, durchlief in biblischen Zeiten mehrere Entwicklungsstufen. Es wurde auf jeden Fall mit der Erinnerung an den Auszug aus Ägypten verbunden, sodass Pascha zum Fest des Gedenkens der Rettung aus dem Sklavenhaus wurde (vgl. Ex 12). Aus dem ursprünglich Sippen- und Familienfest bildete sich ein zentrales, ausschließlich am Jerusalemer Tempel begangenes Fest im Staatskult heraus.[15]*

Nach Ablauf des Festes versammelten sich die Pilger aus gleichen Ortschaften an einem festgelegten Ort und zu einer gewissen Zeit, um in ihre Heimat zurückzukehren. Viele begannen wahrscheinlich gegen Abend ihre Abreise, weil es in der Kühle des Abends angenehmer zu reisen war. Die erste Übernachtung erfolgte nach einer kurzen Strecke außerhalb Jerusalems.

Es muss gar nicht als Versehen seitens der Eltern Jesu angenommen werden, dass er nicht in dieser Karawane gewesen ist. Sie haben ihm eine gewisse Freiheit gelassen und sind von seiner Klugheit und Vernunft überzeugt gewesen.

Am Übernachtungsort sahen und fanden Maria und Josef Jesus nicht. Sie machten wahrscheinlich kein Auge zu, sondern erwarteten sehnsüchtig

---

[15] vgl. Wörterbuch des Christentums, Düsseldorf 1988, S. 944.

die Morgenröte. Beängstigt und beunruhigt kamen sie am nächsten Morgen wieder nach Jerusalem zurück. Unterwegs waren ihnen die Blicke und das Kopfschütteln der Heimkehrenden sicher nicht erspart geblieben.

Am dritten Tag, also nach einem ganzen Tag der Suche, fanden sie ihren Sohn. Die momentane Freude konnte doch eine gewisse Verbitterung nicht aus der Welt schaffen, deshalb die gestellte Frage: *»Kind, wie konntest du uns das antun?«* (Lk 2,48).

Interessanterweise ging Jesus auf ihre Frage gar nicht ein. Vielmehr fragte er: »Warum habt ihr mich gesucht? Wusstet ihr nicht, dass ich in dem sein muss, was meinem Vater gehört?« (Lk 2,49). Im Klartext bedeutet das: *»Wusstet ihr nicht, wo ich geblieben war?«* Vielleicht war die Zeit des Aufenthalts für Jesus zu kurz gewesen oder es hatte sich erst jetzt nach den Festtagen eine gute Gelegenheit ergeben, mit den Schriftgelehrten zu diskutieren.

Hier nannte Jesus zum ersten Mal Gott seinen Vater.

Wir wollen allerdings nicht nur bei einer bloßen Darlegung der dargestellten Szene bleiben. Wir müssen uns fragen, was wir aus dieser Situation für uns gewinnen können.

Ich möchte auf die Gegebenheiten, die im gewissen Sinn schon während der Betrachtung zur Sprache gekommen sind, noch einmal, allerdings fragend eingehen.

Wie schauen die Pflege und die gezielte Feier der religiösen Bräuche in unserem privaten Leben, aber auch im Familienkreis aus?

Schaffen wir die Möglichkeit, dass die Kinder durch Nachahmen, also durch die Teilnahme an religösen Praktiken, in der christlichen Tradition und in einem Klima echter Festivitäten aufwachsen können?

Hier muss auf jeden Fall die Familie als erste »Kirche« fungieren, denn sie ist ein Ort der ersten Glaubenserfahrungen!

Es ist schön und lobenswert, dass es auch in unserer Zeit viele Eltern gibt, die den Kindern die ersten Gebete beibringen und vom Glauben erzählen. Was die Kinder später als Erwachsene machen, bleibt nicht in der Macht der Eltern. Eine gute religiöse Grundlage geht dennoch nie verloren.

Als erwachsener Mensch ist jeder einer Entwicklung unterworfen.

Niemand darf in den Kinderschuhen stecken bleiben. Somit entwickeln sich auch die Form des Gebetes und eine bewusste Mitfeier der Gottesdienste weiter.

Der Besuch des Gotteshauses oder eines Gottesdienstes dürfte weder aus Gewohnheit noch routinemäßig geschehen, sondern aus einem echten Bedürfnis und innerem Verlangen. Wir sollten in uns ein Verlangen nach Gott, nach der Mitfeier der Gottesdienste spüren und auch richtig pflegen, nämlich durch Regelmäßigkeit. Dieses Verlangen sollten wir aber nie unterdrücken oder dämpfen, sonst verkümmert es.

Denn das, was wir im Haus Gottes erleben, kann uns die Welt nicht geben. Wir aber können die Erfahrung mit Gott in die Welt weitertragen und so zum Segen für andere machen.

Vergessen wir dabei nicht, was Kard. C. M. Martini einmal gesagt hat: *Die Kirche befriedigt nicht Erwartungen, sie feiert Geheimnisse.*[16]

Wie damals will Gott uns auch heute reichlich beschenken. Dies ist oft nicht möglich, weil wir durch unsere vielen Aktivitäten sein Wirken nicht erfahren können, weil wir ständig von unseren menschlichen Erwartungen ausgehen und oft sehr wenig auf die Geheimnisse Gottes achten und sie nicht tief genug auf uns wirken lassen. Würden wir dies bedenken, könnten wir für unser Leben einen großen Gewinn erzielen.

---

[16] vgl. C. M. Martini, U. Eco, Woran glaubt, wer nicht glaubt? Wien 1998, S. 64.

Silvesterabend (Jahresabschluss)

Liturgischer Gruß:

Der Herr, der uns aus seiner Fülle schöpfen lässt,
sei mit euch.

Kyrie-Rufe:

Herr Jesus Christus,
mit dir ist es uns gelungen, Probleme und Sorgen,
die uns im vergangenen Jahr zugestoßen sind, zu bewältigen.
Im festen Vertrauen auf dich können wir in eine
sichere Zukunft blicken.
Die Verbindung mit dir ermöglicht uns,
im Glauben und in der Liebe zu wachsen.

Gedanken
zum **Evangelium** nach **Joh 1,1-18**

Das wahre Licht, das jeden Menschen erleuchtet, kam in die Welt

Nicht allen ist bewusst, dass ein Ende oft mit einem neuen Anfang verbunden ist. Tag für Tag sind wir mit Anfang und Ende konfrontiert. Es
werden uns tatsächlich jeden Tag viele nicht wiederholbare Augenblicke
geschenkt, die wir bewusst erleben. Manches läuft allerdings unbeachtet
und bedeutungslos ab. Der Alltag bewegt sich dennoch zwischen Begin-
nendem und Endendem, unabhängig davon, ob wir dies wahrnehmen oder
nicht. Hier handelt es sich um jenen Ablauf, der uns zu einem Prozess
eines ständigen Neubeginns und im gewissen Sinn auch zu einer Erneuerung bewegt oder zwingt.
Wir vergessen natürlich das Vergangene nicht, manchmal wollen und
dürfen wir es auch nicht vergessen. Wir können zwar das Vollzogene
nicht mehr rückgängig machen, können aber daraus lernen. Die Gegenwart und die Zukunft bieten uns eine Chance, solche Handlungen zu

setzen, die viel Gutes bewirken und das gutmachen können, was uns bis jetzt misslungen ist oder was wir versäumt haben.

So ist es auch mit der vergangenen Zeit, vor allem aber mit dem vergangenen Jahr.

Vor uns liegen der heutige und der morgige Tag, wenn der Herr es will. Die Gegenwart und die Zukunft bewusst zu erleben und sinnvoll zu gestalten müsste unser aller größter Wunsch sein. Der Glaube kann uns in dieser Hinsicht eine unersetzliche Hilfe bieten, denn er bleibt die Stütze in schwierigen und hoffnungslosen Situationen; er verleiht uns die Kraft, mutig dem nächsten Tag entgegenzublicken.

Die Jahre und die Tage unseres Lebens werden ja immer weniger. Wir entfernen uns ständig vom Anfang und eilen dem Ende zu.

Machen wir uns also die Tatsache zu eigen, wie einmalig und nicht wiederholbar unsere Glaubenserfahrungen sind, nämlich die daraus entstehende Liebe zu Gott, zu den Mitmenschen und zur Schöpfung. Ganz wichtig sind aber auch unsere zwischenmenschlichen Beziehungen und vor allem die Begegnungen mit unseren Mitmenschen, die auf unsere Hilfe angewiesen sind.

Aus dieser Erkenntnis der Einmaligkeit allen Tuns und Handelns kann man am besten die Zukunft gestalten.

Was können wir uns selbst für das kommende, obwohl ungewisse Jahr wünschen?

Was würden wir am nötigsten brauchen?

Was hat uns im vergangenen Jahr Freude bereitet und glücklich gemacht?

Was hat uns erschüttert und entmutigt, was bedrückt uns noch jetzt?

Welche Last würden wir gern abschütteln?

Legen wir all diese Herzensanliegen vor den Herrn hin. Er weiß am besten, was wir brauchen.

Wir dürfen aber auch bitten und beten für die Anliegen der anderen, die wir gern haben, die in unserem Herzen eingeschlossen sind, die oft die Unterstützung durch unser Gebet benötigen und darauf auch hoffen.

Zu Silvester werden viele gegenseitige Wünsche ausgesprochen.

Was wir uns gegenseitig wünschen könnten, wäre sicherlich unsere Offenheit und die christliche Lebensorientierung im Alltag.

Was ich als Priester von ganzem Herzen jedem wünschen möchte, ist vor allem ein gutes Jahr für Sie und alle Menschen, die der Herrgott auf Ihren

Lebensweg stellt, dass Sie immer offene Herzen und offene Hände haben. Strecken wir die Hand vor allem dem entgegen, *der schon lange keinen Händedruck mehr von uns bekommen hat.*[17] Strecken wir diese aber aus Überzeugung aus.

Verschließen wir die Hand nie vor einem Notleidenden und Bedürftigen, denn im Geben liegt viel Segen.

Ich wünsche uns allen diese christliche Offenheit, die vom wahren Christsein zeugt. Ich wünsche uns eine Lebensorientierung, die durch Gottvertrauen und tiefen Glauben geprägt ist. Diese gewinnt man vor allem aus der Mitfeier der hl. Messe an Sonn- und Feiertagen, natürlich auch durch den Besuch der Wochentagsmesse.

Es beginnt ein neues Jahr. Machen wir ein gutes Jahr daraus. Lassen wir unsere Sympathie und Zuneigung zu Hause, am Arbeitsplatz, dort, wo wir leben, spürbar werden. Halten wir die oft so giftige Zunge im Zaum. Seien wir bereit, Feindseligkeiten beizulegen. Machen wir die Menschen glücklich, mit denen wir zusammenleben: den Mann, die Frau, die Kinder, die Angehörigen. Machen wir sie glücklich dadurch, was wir sagen und tun und wie wir uns ihnen gegenüber verhalten. Denn wir brauchen ihr Glück, um selbst glücklich zu sein.

Suchen wir niemals das Glück nur für uns allein. Helfen wir eine Welt zu schaffen, in der wir uns nicht nur vertragen, sondern wirklich gern haben, eine Welt, in der Platz für ein Lächeln, für eine Blume, für ein Herz, für ein Stückchen Himmel auf Erden ist.[18]

Wenn wir dies auch nur stückweise zustande bringen, werden die Tage des beginnenden neuen Jahres nicht nur sonniger, sondern auch freud- und friedvoller sein.

---

[17] vgl. U. Schütz (Hg.), Weihnachten mit Phil Bosmans, Freiburg im Breisgau 2000, S. 86.

[18] vgl. ibidem, S. 86.

Neujahr – Hochfest der Gottesmutter Maria

Liturgischer Gruß:

*Der Herr, der uns unsere christliche Berufung vor Augen stellt,
sei mit euch.*

Kyrie-Rufe:

*Herr Jesus Christus,
du willst, dass auch wir wie die Hirten hochherzig
    und großzügig bleiben.
Jede entgegengebrachte Liebe wirst du uns vielfach vergelten.
Du stellst auf unseren Lebensweg immer wieder Menschen,
    die unserer Liebe und unseres Verständnisses bedürfen.*

Gedanken
zum **Evangelium** nach **Lk 2,16-21**

Als die Engel sie verlassen hatten

Nicht im Lärm der Welt, sondern im Verborgenen und in der Stille spricht Gott zu den Menschen. Gott bedient sich der Sprache der Liebe, die dann wahrgenommen werden kann, wenn der Mensch sein Herz und sein Inneres öffnet.
Die Zärtlichkeit Gottes ist nie aufdringlich oder erobernd.
Das Geheimnis dieser zarten Liebe Gottes ist von einem Wesen in der Menschheitsgeschichte gänzlich verstanden und mit völliger Liebe auch beantwortet worden. Dieser Person ist dadurch eine Rolle zuteil geworden, die keinem anderen Menschen zuvor und nachher verliehen worden ist. In ihrer Demut und Ergebenheit hat sie dem Angebot Gottes zugestimmt, Mutter seines Sohnes zu werden. Somit ist sie die erste Trägerin des Himmels geworden, den Gott nach dem verlorenen Paradies erneut mit dem Menschheitsgeschlecht geteilt hat.
In ihr hat das menschgewordene Wort unsere Natur angenommen.
Dadurch hat für die Menschen eine ganz neue, hoffnungsvolle Zukunft,

der geschichtliche Ursprung einer echten Wandlung, von der niemand im Leisesten hätte träumen können, begonnen.

Dieser einmaligen Person, der Ersten der ganzen Schöpfung, ist der heutige Tag, der Beginn des neuen Jahres, gewidmet. Dies geschieht nicht ohne tiefen Sinn.

Ihr Name ist Maria. Dies ist ein Name, der in jedem Mund wie Wonne klingt und für den Christen viel mehr bedeutet, als nur Schwester der Glaubenden zu sein oder die Mutter Jesu. Maria ist im übertragenen Sinn die Tür für den Sohn Gottes geworden, der auf diese Weise in die Welt gekommen ist. In der Verborgenheit ihres Leibes ist der gewachsen, der uns in allem ähnlich sein wollte. *»Sie bewahrte alles, in ihrem Herzen«* (vgl. Lk 2,19), lesen wir im heutigen Evangelium.

Das Geheimnis ihrer Auserwählung, besonders aber das Geheimnis des göttlichen Ratschlusses, das in Jesus Christus seine vollkommene Realisierung gefunden hat, hat sie am besten verstanden.

Maria ist die Erste, die Gott richtig eingeschätzt hat. Sie ist auch die Einzige, die die Sendung ihres Sohnes begriffen hat.

In Maria entdecken wir die Widerspiegelung des Erkennens und des klaren Verständnisses für den Willen Gottes, den wir nicht immer und nicht ganz wahrzunehmen vermögen. Sie hat ermöglicht, dass die Menschen die Wahrheit über Gott erfahren und erkennen können. Dank ihrer Hingabe hat sich Gott uns ganz offenbart, denn Jesus hat uns alles mitgeteilt, was er von seinem Vater gehört hat (vgl. Joh 15,15).

Als Christen haben wir einen wahren Grund, uns zu freuen: Wie Jesus wissen wir, dass wir von Gott, unserem Vater, geliebt werden. Diese Liebe verändert unser Leben und erfüllt uns mit Freude. Sie lässt uns erkennen, dass Jesus nicht dazu gekommen ist, um uns Lasten aufzubürden. Er kam, um zu lehren, was es bedeutet, vollkommen glücklich und ganz Mensch zu sein.[19]

Als Christen wissen wir auch, dass wir eine erhabene Frau und Mutter haben, an die wir uns jederzeit wenden können. Sie kennt die Mühsal unseres Alltags und kennt unsere Sorgen. Sie versteht uns und will uns helfen. Aus der Fülle der Gnade, die ihr von Anfang an zuteil geworden ist, und dank ihrer mächtigen Fürsprache können auch wir das erlangen, was wir zur Bewältigung des Lebens und zu unserem Heil notwendig brauchen.

---

[19] vgl. J. Paul II, Aus der Kraft der Hoffnung leben, Freiburg im Breisgau 1995, S. 126.

Zweiter Sonntag nach Weihnachten

Liturgischer Gruß:

*Der Herr, der als Mensch unter den Menschen geweilt hat,
sei mit euch.*

Kyrie-Rufe:

Herr Jesus Christus,
*- zu uns gekommen, um unserem Menschsein einen neuen
    Stellenwert zu geben.*
- zu uns gekommen, damit wir als wahre Menschen leben können.
- zu uns gekommen, damit wir unsere Existenz zu schätzen wissen.

Gedanken
zum **Evangelium** nach **Joh 1,1-5.9-14**

Und das Wort war Gott

Es sind schon einige Tage nach Weihnachten vergangen, die Emotionen
und Gefühle ein wenig abgekühlt, aber gerade deshalb bieten der heutige
Sonntag und das Evangelium, der Prolog des Johannes, eine einmalige
Gelegenheit, kühn und richtig zu überlegen, was durch Jesu Geburt der
Menschheit geschenkt worden ist.

»Das Wort ist Fleisch geworden.« Das ewige Wort, vereint mit dem
menschlichen Wort der Zustimmung, dem »Ja« Mariens, hat die menschliche Natur angenommen und ist Mensch geworden. Hierin entdecken wir die universale Bedeutung der Menschwerdung, die aber zugleich mit der individuellen Aufgabe zur Wahrnehmung und Umsetzung
im Leben verbunden ist.

Gott wird Mensch, *er kommt in die Welt, aber die Welt erkennt ihn nicht,*
er kommt in sein Eigentum, aber die Seinen nehmen ihn nicht auf (vgl.
Joh 1,9-11).

Was bedeutet diese Feststellung? Um welche Erkenntnis geht es dabei,
und um welche Aufnahme handelt es sich?

Kard. J. Ratzinger, jetzt Papst Benedikt XVI., sagt in einem ähnlichen Zusammenhang, dass *Gleiches nur von Gleichem erkannt werden kann. Wo keine innere Entsprechung zu Gott da ist, kann auch keine Gotteserkenntnis erfolgen. Gott kann im eigentlichen Sinn nur von sich selbst erkannt werden. Wenn infolgedessen dem Menschen Gotteserkenntnis zuteil wird, setzt das voraus, dass Gott die Menschen in ein Verwandtschaftsverhältnis heraufzieht und dass so viel Ähnlichkeit mit ihm in den Menschen lebendig ist, dass nun Erkennen möglich wird. Mit anderen Worten: Erkenntnis geht nur in der Willensgemeinschaft auf.[20]*

Was nicht erkannt wird, wird auch nicht angenommen. Deshalb wissen wir um die Ablehnung Jesu in seiner Heimat.

Da Gott weder in seinem Ratschluss noch in seinem Wollen durch irgendetwas eingeschränkt oder behindert werden kann und nicht an eine menschliche Vorstellung, auch nicht an eine menschliche Entscheidung gebunden ist, wird beides, ungeachtet der Ablehnung im auserwählten Volk, allen Menschen guten Willens zuteil. *Das, was Gnade aus Menschen macht, ist mehr, als unsere Augen sehen können und der Mensch aus sich heraus leisten kann, und das ist die wahre Kindschaft Gottes.[21]*

Eben dieses Wort, von dem Johannes spricht, gibt uns Macht, Kinder Gottes zu werden. Nicht also aus eigener Kraft und nicht aus eigenen Verdiensten können wir das sein, was wir sind und noch sein könnten.

In der Taufe wurde in uns das Fundament der Gotteskindschaft gelegt, auf dem wir weiterbauen dürfen. Was das Sakrament der hl. Taufe bewirkt, ist vielen gar nicht so richtig bewusst. Es gehört dennoch zum ersten Angebot Gottes, das an jeden Einzelnen gerichtet ist, das die Gnadenverbindung, also die Verwandtschaft mit Gott, herstellt und somit die Möglichkeit schafft, Gott zu erkennen.

Wenn wir also sagen, dass wir Kinder Gottes heißen und es tatsächlich sind, bedeutet dies viel mehr als nur eine bloße Feststellung. Wir dürfen nicht aus eigener Kraft schöpfen und das Leben gestalten, sondern aus Gottes Kraft und durch seinen Beistand leben, richtig leben. Dadurch

---

[20] vgl. J. Kard. Ratzinger, Gott und die Welt, Stuttgart München 2000, S. 233.
[21] K. Wagner, Denkanstöße, op.cit., S. 36.

bilden wir eine richtige Familie, die Familie Gottes, die Familie der Glaubenden, die zu einer großen christlichen Familie wird.

Überlegen wir, was das Christentum in dieser Welt bewirkt hat und was es bedeutet!

Das Christentum ist ein Miteinander, das alle Grenzen überschreitet und alle Kulturen und Nationen vereint. Es gibt keine andere Gemeinschaft, keine andere internationale Organisation, die dieser, die so umfassend auf dem ganzen Erdkreis zu einer Gemeinschaft der Liebe wächst, gleichen würde.

Das Christentum ist eine Religion der Freiheit und Liebe, eine Religion des wahren Glaubens. Allen Menschen, die sich Gott öffnen, kann durch Jesus Christus, das wahre Wort, das in die Welt gekommen ist, dieser Glaube zuteil werden.

Das Christentum bemüht sich weiterhin, alle Barrieren zu brechen und alle Grenzen zu sprengen, denn es ist eine Formation der Liebe. Diese verhilft der Menschheit zu einer *Zivilisation der Liebe,* wie dies Papst Johannes Paul II. gesagt hat.

Was wir persönlich dazu beitragen können, ist das Bemühen, aus dem christlichen Geist heraus zu leben und unseren Alltag mit Gott zu gestalten.

Wir dürfen auch bitten:

Jesus, du Wort des Lebens, lass auch uns zu einem Wort werden, das lebendig macht, indem es tröstet, aufrichtet, Mut verleiht, Hoffnung spendet und den anderen mit Liebe begegnet. Lass uns ein lebendiges Wort sein, das eine Verlängerung deines Wortes in dieser Welt ist, in einer Welt, wo Worte manipuliert werden, wo Worte spalten, wo Worte Lügen und Missmut verbreiten, Bedrücktheit, Bitterkeit und Angst verursachen, sogar den Tod bringen!

Jesus, mach uns zu einem Sprachrohr, das ermöglicht, dass viele Menschen deine Liebe und Zuneigung erfahren!

Erscheinung des Herrn

Liturgischer Gruß:

*Der Herr, der sich von allen, die ihn suchen, finden lässt,
sei mit euch.*

Kyrie-Rufe:

Herr Jesus Christus,
*- zu uns gesandt, damit wir die Zeichen der Zeit
    wahrnehmen und erkennen.*
*- zu uns gesandt, damit allen Völkern das Heil
    zuteil werden kann.*
*- zu uns gesandt, um auf die wahre menschliche
    Größe hinzuweisen.*

Gedanken
zum **Evangelium** nach **Mt 2,1-12**

Geht und forscht sorgfältig nach

Einfache Zufälle gibt es in der Vorsehung Gottes nicht, hat einmal Papst J. Paul II. gesagt.

Für einen Glaubenden gibt es auch kein blindes Schicksal. Nichts in der Welt bleibt ohne Bedeutung, aber alles, was der Mensch erlebt und vollbringt, hinterlässt bestimmte Merkmale, die vielen gar nicht bewusst sind, die auch oft nicht richtig wahrgenommen werden.

Das heutige Fest, Erscheinung des Herrn, führt uns erneut vor Augen, dass Gott sich von allen Menschen, die ihn suchen und nach ihm fragen, finden lässt, unabhängig von ihrem Wohnsitz, von ihrer Herkunft und Volkszugehörigkeit.

Ob wir diese Drei aus dem Morgenland Magier, Weise oder Könige nennen, ist egal. Was sie tatsächlich gewesen sind, spielt eigentlich auch keine Rolle. Was sie aber dazu bewogen und geleitet hat, sich auf den Weg zu begeben, um dem neugeborenen König zu huldigen, und dass sie, allen widrigen Umständen trotzend, ihn nach unnachgiebigem Suchen tatsächlich gefunden haben, ist die Tatsache, die niemand übersehen darf, nämlich die Erkenntnis der Größe und Erhabenheit des Gesuchten.

Ja, diese Drei stellen die anbetende Menschheit dar!

Sie fallen vor ihm nieder, huldigen ihm, holen ihre Schätze hervor und überreichen sie ihm:

- Gold, Zeichen der Liebe, ihrer Liebe zu ihm, aber auch seiner Liebe, die er verkünden und bis zur Vollendung verwirklichen wird,

- Weihrauch, Zeichen des Göttlichen, des Lobes und der Herrlichkeit, die er durch vollbrachte Wunder bezeugt, aber auch Zeichen der Anerkennung des Größeren und Erhabeneren, und

- Myrrhe, Zeichen der Schmerzen, seines Leidens und Todes – denken wir hier auch an die Salben, die die Frauen aus Myrrhe und Aloe für den Leichnam Jesu vorbereitet haben (vgl. Joh 19,39).

Das heutige Fest mit seiner umfangreichen Bedeutung und Symbolik bietet auch uns viele glaubensbereichernde Anhaltspunkte.

Entdecken wir aufs Neue den unschätzbaren Wert der Anbetung und des Verharrens im stillen Gebet vor dem Tabernakel.

Indem wir uns vergessen, kommen wir zur Ruhe, da hört der Lärm unserer Gedanken und Gefühle auf. Da sind wir endlich angekommen, da sind wir nach langem Suchen daheim. Daheim sein kann man nur, wenn man vor dem Geheimnis niederfällt. Anbetung ist die Erfahrung von Heimat. Wenn wir vor dem Geheimnis Gottes niederfallen, dann wird es ruhig in unserer Seele, da werden wir spüren, dass unsere tiefste Sehnsucht erfüllt ist, dass wir endlich gefunden haben, was wir gesucht haben.[22]

Die Kraft des Gebetes und die Erfahrung der Gottesnähe werden uns helfen, die Wahrheit, die Gott der Welt und uns persönlich offenbart, zu erkennen, egal, wie stark auch der Widerstand dagegen sein mag.

Weiters wird uns geholfen, immer klarer zu sehen und bewusster zu verstehen, wie Gott uns auf allen Wegen begleitet.

Denn *es ist auch die Gnade Gottes, die die Weisen aus dem Morgenland bis zur Krippe des Herrn geführt hat* (J. M. Sailer).

———

[22] vgl. L. Hohn-Morisch (Hg.), Für jeden Tag ein gutes Wort, Freiburg im Breisgau 2001, S. 15.

Vor allem aber dürfen die Offenheit Gott gegenüber, das Gottvertrauen und das Sich-von-ihm-leiten-Lassen, also die Grundhaltungen, die unser christliches Leben prägen, nie in den Hintergrund gedrängt werden.

Gott spricht zu uns auch heute durch viele Zeichen.

Entdecken wir aufs Neue, ob ein Stern bis jetzt in unserem Leben von besonderer Bedeutung gewesen ist, vielleicht nicht nur einer, sondern auch viele andere Wegweiser und Begleiter.

Was hat uns vielfach die gesuchte Richtung gezeigt?

Was ist bis heute unser Stern geblieben und was bleibt weiterhin als Zeichen des Erkennens oder einer Wandlung:

- ein anderer Mensch,
- ein Erlebnis,
- eine Begegnung,
- eine Enttäuschung,
- ein Schicksalsschlag,
- eine unerwartete Wende,
- ein Naturereignis oder ein Erlebnis und die Wahrnehmung der Schöpfung in ihrer Pracht und Vielfalt,
- eine Entscheidung, um die wir lange gerungen haben,
- eine Krankheit,
- der Heimgang eines nahestehenden und lieben Menschen?

Worauf suchen wir heute eine Antwort, bezogen nicht nur auf jetzt, sondern vielleicht auf den morgigen Tag oder auf die Zukunft?

Denken wir im Alltag, der von Problemen und Sorgen nicht verschont bleibt, an die Drei Könige, an die freien, gebildeten und suchenden Menschen, die in ihrem Suchen nicht nachgegeben haben. Bemühen wir uns, den Grundsatz zu verstehen, um ihm dann auch folgen zu können: Je weniger der Mensch sein Leben und seine Ansichten verkompliziert, desto klarer wird er die Eigenheiten seiner Persönlichkeit erkennen und die durch andere Menschen verursachten Probleme nicht so tragisch nehmen.

Taufe des Herrn

Liturgischer Gruß:

Der Herr, der jedem Getauften den Himmel offen hält,
sei mit euch.

Kyrie-Rufe:

Herr Jesus Christus,
du willst, dass alle am Leben Gottes und an seiner
Gnade teilhaben.
Du hättest gern, dass alle Menschen Kinder Gottes werden.
Du willst, dass Heil und Segen in dieser Welt
durch uns gewirkt werden.

Gedanken
zum **Evangelium** nach **Lk 3,15-16.21-22**

Ich taufe euch nur mit Wasser

Mit dem heutigen Fest wird in der Liturgie ein gewisser Zyklus der Offenbarung von Jesus abgeschlossen. Wie in einem Leitfaden erfahren wir nach und nach vom verheißenen Messias, angefangen von seiner Geburt, vom Geborgensein im Kreis einer Familie bis zur Offenbarung den Heidenvölkern, die durch die drei Weisen aus dem Morgenland verkörpert werden. Die Taufe Jesu gehört zum Höhepunkt dieser Offenbarungen, denn darin wird Christus nicht nur von anderen erkannt, sondern vom Heiligen Geist bestätigt. Die Stimme aus dem Himmel bezeugt seine Wahrhaftigkeit. *»Du bist mein geliebter Sohn, an dir habe ich Gefallen gefunden«* (Lk 3,22).
Jesus, der Sündenlose, das Lamm, das die Sünde der Welt hinwegnimmt (vgl. Joh 1,29), hat es überhaupt nicht notwendig, sich taufen zu lassen. Dass er sich mit dem ganzen Volk der Taufe unterzieht, zeugt von der

Wichtigkeit seiner Handlung, die in zwei Richtungen geht; es handelt sich zuerst um das Zeugnis der Sohnschaft Jesu, dann um die Kindschaft aller Menschen, die durch die Taufe zu Kindern Gottes werden.

Jesus bestätigt also die Heilsnotwendigkeit der Taufe, indem er die Taufe des Johannes durch seine eigene Taufe heiligt und zum Sakrament erhebt. Was ist aber ein Sakrament? *Sakrament ist ein sichtbares Zeichen, durch das den Menschen infolge göttlicher Zusage Gottes Gnade aus dem Erlösungswerk Christi zukommt.*[23]

Seit der Taufe Jesu im Jordan will Gott in einer besonderen Weise durch das menschliche Mittun wirken, sozusagen durch *»die menschliche Hand«,* indem jedem Getauften die Gnade der Gotteskindschaft zuteil wird.

Die Taufe bedeutet eine neue Geburt aus Gott.

Was heißt aber, aus Gott geboren zu sein?

Wir sind zwar aus dem Zusammenwirken von Mann und Frau geboren und werden Fleisch bleiben, dennoch bewegen wir uns auf einer höheren Ebene. *»Was aus dem Fleisch geboren ist, bleibt Fleisch; was aber aus dem Geist geboren ist, das ist Geist«* (vgl. Joh 3,6).

Diese neue Geburt beinhaltet in der irdischen Wirklichkeit etwas, was den Menschen über das Irdische emporhebt. *»Du bist mein Kind«,* sagt Gott zu dem, der getauft ist. Gott ist jedem persönlich zugewandt. Wir werden durch die Taufe zu Söhnen und Töchtern Gottes. Wir werden von Gott nicht nur anerkannt, sondern richtig als seine geliebten Kinder angenommen.

In der Taufe wird das Fundament der Gotteskindschaft gelegt, auf dem jeder weiterbauen darf. Die Taufe gehört zum ersten Angebot Gottes, das an jeden einzelnen Menschen gerichtet ist und das die Gnadenwirkung, die Verwandtschaft mit Gott, herstellt.[24]

Jeder Christ ist dazu berufen, als neugeborener Mensch zu leben. Die Gnade Gottes macht ihn dazu fähig. *Nicht neben ihm, nicht ohne ihn, sondern »in Gott leben wir, bewegen wir uns, und sind wir«. Wie das zugeht kann niemand begreifen; aber das Sein des Menschen in der Welt, echt*

---

[23] vgl. K. Hörmann (Hg.), Lexikon der christlichen Moral, Wien 1976, S. 1392.
[24] vgl. Predigt zum Zweiten Sonntag nach Weihnachten

und wirklich, ist doch nur aus Gott und nur in Gott: es besteht in der Bewegung auf ihn zu.[25]

Die Taufe macht uns also fähig,
- die Welt mit den Augen Gottes zu sehen und wahrzunehmen,
- die Schöpfung als Gabe und Geschenk anzunehmen,
- den Menschen mit dem Blick der Liebe und des Verständnisses zu begegnen,
- sich den anderen gegenüber als Erbarmender und Verzeihender zu erweisen,
- vor allem aber das Böse zu besiegen.

Wir sind getauft,
- damit wir richtig lieben lernen,
- damit wir nicht nachtragend oder kleinkrämerisch immer wieder die alten Problemen aufwerfen, sondern vorbehaltlos verzeihen und vergeben können,
- damit wir den Menschen zu zeigen vermögen, dass es sich lohnt, nach Gottes Willen das Leben, in dem seine Vorsehung und sein Walten richtig zur Geltung kommen, zu gestalten.

Die Taufe vereint den einzelnen Menschen mit Gott. Sie vereint zugleich die Menschen untereinander und macht sie zu einer großen Familie. Da sind Konflikte und Auseinandersetzungen nicht immer zu vermeiden. Man müsste aber immer bereit sein, diese beizulegen.

Die Taufe und der sich daraus entfaltende Glaube verbindet die Menschen untereinander und führt sie zu ihrer Bestimmung, zu Gott, an dem kein Weg vorübergeht.

[25] R. Guardini, Gehalten von Gottes Hand, Kevelaer 1976, S. 103

DIE FASTENZEIT
mit der
Karwoche

Erster Fastensonntag

Liturgischer Gruß:

Der Herr, der die Einsamkeit gesucht und geliebt hat,
sei mit euch.

Kyrie-Rufe:

Herr Jesus Christus,
deine Entscheidung, vierzig Tage zu fasten,
*   gibt auch uns Anstoß, neue Lebensdimensionen zu entdecken.*
Durch Alleinsein in der Öde, dennoch in voller Verbindung mit
*   Gott, willst du auch uns dazu verhelfen, Gotteserfahrungen in*
*   Einsamkeit zu sammeln.*
Im Widerstand gegen den Teufel und seine Versuchungen
*   willst du, dass wir unsere kämpferische Natur einsetzen, um*
*   die Würde der Gotteskindschaft nicht zu verlieren.*

Gedanken
zum **Evangelium** nach **Lk 4,1-13**

Erfüllt vom Heiligen Geist, verließ Jesus die Jordangegend

Alles, was uns der Glaube vermittelt, kann zu vielen neuen Ansichten und Erfahrungen führen. So bietet auch die Fastenzeit eine günstige Gelegenheit dazu, dass wir unsere religiöse Überzeugung nicht auf das Fundament der Gewohnheiten oder der Praktiken, die wir von Kindheit an kennen und nicht immer ganz verstehen, aufbauen. Wir sollen bewusst die neu erlebte Wahrnehmung all dessen, was unser Herz und unseren Geist dank des tiefen Glaubens weit und frei macht, stützen.

Wir wissen, dass die Liebe mehr als ein Kult und das Fasten mehr als Verzicht auf Speisen ist. Fasten ohne Liebe ist nutzlos, wie auch der Vollzug religiöser Praktiken ohne inneres Engagement wertlos ist. Die Liturgie der Kirche nennt die Fastenzeit eine Zeit der besonderen Gnade.

Diese wird nicht umsonst als Aufruf zur Umkehr und als Auftrag, vermehrt Werke der Liebe zu üben, begangen. Fastenzeit ist, wie schon der Prophet Joel verkündet hat (Joel 2,12-18) – denken wir etwa an die Lesung am Aschermittwoch –, eine Zeit der Offenheit des Herzens Gott und den Mitmenschen gegenüber, eine Zeit der Überwindung des eigenen Ichs und eine Zeit des Freiseins.

Eben diese Elemente können wir im heutigen Evangelium, das den 40-tägigen Aufenthalt Jesu in der Wüste beschreibt, entdecken.

Die Zahl 40 hat eine große symbolische Bedeutung. Auch Elias ist 40 Tage zum Berg Horeb unterwegs gewesen. Diese Spanne ist immer wieder die Zeit des Lernens, der Bereitung und des Werdens. Das Urbild ist die Wüstenzeit Israels, in der dieses Volk die Ordnung Gottes und seinen Willen kennen lernt und damit vorbereitet wird, überhaupt ein Volk zu sein und Träger der Verheißungen zu werden.

Jesus nimmt in den 40 Wüstentagen die 40 Wüstenjahre Israels noch einmal auf. Er durchschreitet sozusagen noch einmal den ganzen Weg dieser Geschichte und zeigt damit auch uns, dass ohne die Zeit des Verzichts, des Stillwerdens, des Herausgehens und der Sammlung große Lebensaufgaben nicht reifen und bewältigt werden können. Jesus nimmt gleichsam die Versuchungen der Menschheit auf, durchleidet sie, um von da aus das große Wort und die große Botschaft zu bringen.[26]

Es ist für uns, die wir in ganz anderen klimatischen Bedingungen leben, nicht leicht, dass wir uns in die Situation einer geologischen Wüstenerfahrung versetzen. Dennoch können die Wüstentage, an denen wir unsere Einsamkeit, Verlassenheit und nicht zuletzt den Versuch der Eroberung durch das Böse besonders wahrnehmen und spüren, auch zu bestimmten Lebenserfahrungen gezählt werden.

Der innere Durst und Hunger nach Geborgenheit, Verstanden- und Angenommenwerden, der Wunsch und das Verlangen nach einer raschen Beendigung einer Leere und Ratlosigkeit, einer Niederlage und Enttäuschung sind gewiss auch uns nicht fremd.

Gerade in solchen Augenblicken der Verzagtheit bleibt Jesus uns ganz nahe, weil wir uns aus eigener Kraft oft schwer tun, alle Hindernisse zu überwinden. Auch der Herr ist dank seiner Verbindung mit dem Vater stark geblieben und hat somit den Teufel besiegt.

———

[26] vgl. J. Kard. Ratzinger, Gott und die Welt, op. cit., S. 270 - 271.

In besonders schwierigen Situationen beten wir:

Gott, gib mir die Gelassenheit. Heiliger Geist, hilf mir bitte, diese Situation mit einer liebevolleren Einstellung zu betrachten! Das Gebet um Gelassenheit besitzt die Kraft, unser Leben konkret zu ändern. Am schwierigsten ist es, sich immer wieder bewusst zu machen, dass man dem Gebet vertrauen muss. Es bietet uns die Möglichkeit, so weit zur Ruhe zu kommen, dass wir fühlen, wie nahe uns Gott ist. In der Stille finden wir den Mut, das zu akzeptieren, was wir akzeptieren müssen, und die Stärke, das zu ändern, was wir ändern müssen.[27]

---

[27] K. Casey, Weisheit für jeden Tag, München 2003, S. 98-99.

Zweiter Fastensonntag

Liturgischer Gruß:

Der Herr, der uns unsere Bestimmung deutlich vor Augen führt,
sei mit euch.

Kyrie-Rufe:

Herr Jesus Christus,
du hilfst uns, zur Klarheit des Lebens zu gelangen.
Wir sind aufgefordert, auf dich zu hören.
Du willst, dass unser Lebensweg in eine sinnvolle
  Richtung geht.

Gedanken
zum **Evangelium** nach **Lk 9,28b-36**

Die Verklärung Jesu

Wir alle wandern in der Welt umher, belastet durch die Geschehnisse, die täglich auf uns zukommen.

Wir wandern in einer Welt, die uns manchmal hindert, dass wir uns gänzlich über das Irdische emporheben können.

Sechs Tage nach der Leidensankündigung (vgl. Mt 17,1 und Mk 9,2) steigt Jesus auf den Berg Tabor, er will mit seinen drei bevorzugten Jüngern, also mit Petrus, Jakobus und Johannes, beisammen sein. Weit entfernt von der Menschenmenge und von den Problemen bzw. von den verbrecherischen Plänen, die bereits gegen Jesus geschmiedet worden sind, erleben sie seine Verklärung.

Verklärung, auf Griechisch *»Metamorphose«,* bedeutet Verwandlung, Umwandlung eines Wesens in eine andere Gestalt, in eine andere Natur als die eigene.

So wird durch die Verklärung die göttliche Natur Christi enthüllt. Diese Natur gibt sich im strahlenden Licht leuchtend zu erkennen. Die Junger erfahren, mit wem sie es zu tun haben. Jesus ist nicht nur ein wahrer Mensch, sondern zugleich wahrer Gott.

Diese Tatsache wird durch die Anwesenheit der zwei Säulen des Alten Testaments, des Mose und des Elija, bestätigt. *Mose ist derjenige, der ein ganzes Volk aus der Knechtschaft durch die Wüste in die Freiheit geführt hat und diesem Volk eine neue Gottesordnung durch die zehn Gebote vorstellt. Der Prophet Elija ist hingegen der Mann, der die Götzenbilder zerschlagen hat.*

Freiheit für die Menschen erwerbend und unbedingtes Vertrauen auf Gott, das verkörpern Mose und Elija.[28]

In und durch Christus erfüllen sich also alle Verheißungen und die Sehnsucht des auserwählten Volkes. Darüber hinaus ist Christus derjenige, auf den alle hören sollen (vgl. Lk 9,35).

Bemerkenswerterweise sind bei der Verklärung des Herrn jene anwesend, die bald Zeugen des Todeskampfes Christi im Ölgarten sein werden (vgl. Mk 14,33). Diese drei Auserwählten sollen nicht nur wissen, was auf Jesus aus Menschenhand zukommt, sondern was eventuell auch ihnen zustoßen wird. Sie sollen unerschütterlichen Glaubens all die kommenden Ereignisse betrachten, die aus irdischer Sicht mit Jesu Tod enden, im Grunde genommen aber durch seine Auferstehung einen total neuen Gang der Dinge in Bewegung setzen.

Den Jüngern sollte in aller Klarheit bewusst bleiben, dass das, was die Menschen unternehmen, nicht im Geringsten die Absicht und die Vorsehung Gottes beeinträchtigen kann.

Die drei Jünger sind auf dem Berg der Verklärung dem Himmel sehr nahe. Sie sollen nun nach Christi Auferstehung Zeugen der Frohen Botschaft von Jesus Christus sein und das bereits begonnene Reich Gottes über die ganze Erde ausbreiten.

Was soll uns aber das Hören dieses Evangeliums bedeuten, uns, die wir jetzt die Fastenzeit erleben und das Fest der Auferstehung freudigen Herzens erwarten?

Was kann uns dieses Ereignis sagen?

Vielleicht sollte es uns ermutigen, öfters die Erfahrung des Berges der Verklärung machen zu wollen.

---

[28] vgl. R. Stertenbrink (Hg.) Lichtsekunden, op. cit., S. 78.

Es geht um die Erfahrung innigsten Gebetes und der Nähe Gottes.

Wenn uns Probleme und Lebensschwierigkeiten bedrücken und belasten, sollten wir uns unbedingt eine Zeit der Einsamkeit mit Gott gönnen. Tragen wir alles, was wir umherschleppen, vor Gott! Wenn wir unser Gebet nach Gottes Willen ausrichten, werden wir erfahren, wie sich unsere Wünsche, Absichten, unser Wollen, Verlangen und Begehren reinigen werden und wie das Gebet zur Klarheit in vielen Lebenssituationen verhelfen wird.

Gönnen wir uns eine Zeit des innigsten ungestörten Gebetes, in der uns nichts ablenken kann, eine Zeit, in der wir Gottes Nähe besonders erfahren und in der unser Geist imstande ist, sich über alles Irdische problemlos emporzuheben.

Jedes Gebet ist gewiss eine Zeit der Verklärung. Ob wir dies merken oder nicht, wir werden innerlich verwandelt, denn im Gebet wirft Gott seinen Glanz auf uns, und dieses Erstrahlen verleiht unserem Geist jenen Abglanz, in dem wir dann die Welt in einem ganz anderen Licht und mit anderen Augen betrachten werden.

Um manches Golgota in unserem Leben aushalten und besiegen zu können, bedürfen wir der Erfahrung des Berges der Verklärung.

Dritter Fastensonntag

Liturgischer Gruß:

*Der Herr, dem wir unser Wachstum und Gedeihen verdanken,
sei mit euch.*

Kyrie-Rufe:

*Herr Jesus Christus,
du würdest gern jedem von uns zu einer angstfreien Entfaltung
   verhelfen, wir aber haben nicht Mut genug, einiges loszulassen.
Du erinnerst uns, wie vergänglich dieses Leben ist;
   uns ist aber vielfach zu wenig bewusst, dass auch uns
   der Tod überraschen kann.
Du hast Freude am Leben und nicht am Zugrundegehen
   des Menschen, wir aber kümmern uns nicht immer
   um gute Früchte und bleibende Lebenserträge.*

Gedanken
zum **Evangelium** nach **Lk 13,1-9**

Vielleicht trägt er doch noch Früchte

Jeder Mensch unterliegt einer Entwicklung. Niemand bleibt so, wie er gewesen ist, und niemand muss so bleiben, wie er ist.

Das Gute und das Böse, Augenblicke der Fruchtbarkeit und der Erfolglosigkeit, der Freude und der Trauer, der Gesundheit und der Krankheit, des Empfangens und des Gebens, des Lernens und des Lehrens und nicht zuletzt Augenblicke des kindlichen, unerfahrenen Empfindens und einer gewissen Reife durchweben das Leben eines jeden Menschen.

Wir treffen immer wieder gute und schlechte Menschen, jene, die in ihrem Leben vieles überwunden, sogar erkämpft und erlitten und ihre Wege in eine neue Richtung gelenkt haben, aber auch solche, die stets mit gleichen Problemen, die ihr Leben seit Jahren begleiten, konfrontiert sind, oftmals tragen diese zugleich das Gefühl in sich, auf verlorenem Posten zu bleiben und das Schicksal einer »Sackgasse« teilen zu müssen.

Kein Mensch ist aber wirklich seinem eigenen Schicksal überlassen, denn er kann über sich hinauswachsen, wenn er sich einem Du zuwendet.

Für einen Christen ergibt sich zusätzlich noch eine andere Perspektive, nämlich die, die auf Gott gerichtet ist.

Worum geht es eigentlich Jesus in seinem Gleichnis vom Feigenbaum? Er will das Bewusstsein und eine Überzeugung wecken, dass die Hoffnung nie aufgegeben werden, sozusagen nie »sterben« darf.

Für jeden Menschen besteht immer die Chance, neue Früchte hervorzubringen.

Was jedoch das angesprochene Beispiel von Galiläern, die Pilatus umbringen ließ, und von jenen beim Einsturz des Turmes von Schiloach ums Leben Gekommenen und die darauf folgende Antwort Jesu betrifft, braucht keiner Illusionen zu haben. Christus will verdeutlichen, dass sich alle als Sünder wissen sollen und deshalb auch der Umkehr bedürfen. Konkret gesagt: Niemand braucht mit dem Finger auf einen anderen zu zeigen, über ihn zu reden, ihn zu beurteilen oder durch spaßhafte, manchmal sogar boshafte Bemerkungen zynisch zu sein.

Umkehren heißt eindeutig, die eigene Richtung zu betrachten, in sich selbst das zu entdecken, was uns an Schlechtem in den anderen schon längst aufgefallen ist, damit wir selbst die Handlungen in den Griff bekommen und das Leben besser meistern können.

Die Fastenzeit bietet eine besondere Gelegenheit dazu. Wir sind stets auf der Suche nach einer neuen Ordnung, die in Gottes Ordnung gründen muss. Nicht im Aufzeigen des Schlechten anderer, sondern im Behilflichsein, damit diese das Gute in sich entdecken, vollbringen und in Liebe verwirklichen können, besteht unter anderem der christliche Sinn der Umkehr.

Ein Christ ist dann nur ein Christ, wenn er glaubt, dass er eine wesentliche Rolle bei der Verwirklichung einer neuen Welt, die kommen soll, zu spielen hat – selbst wenn er nicht sagen kann, auf welche Weise diese Welt kommen wird.[29]

Diese neue Welt bietet sich ihm täglich an, indem er Gott immer mehr Platz einräumt, seine Liebe und seine Vorsehung wirklich jeden Tag entdeckt und den anderen bei dieser Entdeckung hilft.

---

[29] vgl. H. Nouwen, Auf der Suche nach dem Leben, Freiburg im Breisgau 2001, S. 198.

*Solange ein Christ lebt, müsste er auf der Suche nach einer neuen Ord-
nung bleiben, in der es keine Einteilung von Menschen in verschiedene
Kategorien gibt; in der die Strukturen so sind, dass jeder Mensch dem anderen die Hand schütteln kann. Er müsste weiter auf der Suche nach
einem neuen Leben bleiben, in dem dauerhaft Einheit und Frieden herrschen. Auch wenn die Christen in ihren Herzen die Katastrophen unserer
Tage, Kriege, Massenmorde, die zügellose Brutalität, die überfüllten
Gefängnisse, die Folterkammern, den Hunger und die Krankheiten von
Millionen von Menschen und das unsagbare Elend eines Großteils der
Menschen abschotten,* sollen sie auf ihre Weise all dem entgegentreten,
was Gottes liebendem Willen widerspricht.[30]

Die Welt in unserem Herzen, die Ausgeglichenheit und die innere Ruhe,
die Güte und das Verständnis, das kleine Lächeln und die offene Hand
mögen in unserem Leben eine feste Bleibe haben, die durch nichts zu zerstören ist.

Jesus liegt sehr viel am Herzen, woran auch wir uns beteiligen können,
damit die Welt besser und das Leben menschenwürdiger und erträglicher
wird. Zögern wir also nicht, auf die Menschen, die uns brauchen, zuzugehen, damit uns nie der Vorwurf treffen möge, vergebens hier auf Erden gelebt zu haben (vgl. Lied »Hilf Herr meines Lebens«, GL Nr. 622).

---

[30] vgl. H. Nouwen, Auf der Suche …, op. cit., S. 198/200.

Vierter Fastensonntag (Laetare)

Liturgischer Gruß:

Der Herr, der niemanden verlieren will, sei mit euch.

Kyrie-Rufe:

Herr Jesus Christus,
du willst, dass wir unser Versagen eingestehen.
Du lehrst, wie grenzen- und vorbehaltlos Gottes
*   Barmherzigkeit ist.*
Du wünschst dir, dass wir in der Rückkehr zu Gott
*   sein Wohlwollen erlangen.*

Gedanken
zum **Evangelium** nach **Lk 15,1-3.11-32**

Ich will aufbrechen und zu meinem Vater gehen

Es gibt zwei Arten zu leben, sagt Christian Morgenstern, *die leichtfertige und die nachdenkliche. Bei der leichtfertigen kümmerst du dich nicht viel, nein, wenig um dich selbst, lässest dich wachsen wie das Kraut auf dem Feld. Bei der nachdenklichen bist du zugleich Blume und Gärtner, du suchst dich weiter in die Hand zu bekommen, wie ein guter Wagenlenker zu sein.*[31]

Der Mensch hat viele Möglichkeiten, über sein Leben nachzudenken, dieses bewusst zu beeinflussen und in Richtung der Bereicherung zu führen. Er kann neue Erfahrungen sammeln, die ihm helfen, das Leben meistern zu können. Trotzdem bleibt keiner von Einflüssen und Entscheidungen, die ihm manchmal Lebenskraft und Lebensmut rauben, verschont. Jeder darf aber weiterlernen, um sich selbst und sein Leben ernst nehmen zu können.

———

[31] vgl. F. Bergmann (Hg.), Worte wie Sonnenschein, Freiburg im Breisgau 2002, S. 23.

Wohl das schönste Gleichnis, das uns Lukas erzählt, ist das Gleichnis vom verlorenen Sohn. Dieses dürfen wir nicht als eine märchenhafte Geschichte betrachten, sondern als Beispiel, das auch für uns nicht ohne Bedeutung bleiben soll und heute von höchster Aktualität ist.

Ein Gleichnis zu erzählen, wie dies Jesus getan hat, bedeutet nicht nur, ein Beispiel vor Augen zu haben, um bestimmte Verhaltensweisen zu korrigieren oder neue Handlungen in Gang zu setzen, sondern vor allem eine Wahrheit zu verkünden, die in Gottes Vorsehung und in seinem liebenden Willen verankert ist.

Somit werden wir vom jüngeren und älteren Sohn vor die Frage gestellt: Wo stehe ich? Bin ich mehr der jüngere oder der ältere Sohn? Oder bin ich beides? Kenne ich beide Seiten an mir? Gerade das Motiv der beiden Brüder zeigt die innere Polarität unserer Seele an. Wir haben in uns den jüngeren Sohn, der nur ohne Rücksicht auf Gesetz und Maß leben möchte. Und wir haben den angepassten älteren Bruder in uns, der sich bemüht, alle Gebote zu halten. Auf beide Seiten sollten wir schauen und beide Gegenpole in uns miteinander verbinden.

Man kann dieses Gleichnis nicht lesen, ohne mit den eigenen Wünschen und Bedürfnissen, mit den Emotionen und Sehnsüchten in Berührung zu kommen. Die beiden Söhne decken auf, was in unserer Seele verborgen ist. Und beide Söhne verweisen auf den barmherzigen Vater. Ihm können wir uns zuwenden, ob wir nun der jüngere oder der ältere Sohn sind, der ausschweifend Lebende oder der Korrekte, der Waghalsige oder der Angepasste. Beide waren auf ihre Weise tot und hatten sich verloren, der eine in einem ausschweifenden Leben, der andere in ängstlicher Korrektheit. Der barmherzige Vater lädt uns zum Leben ein, zu einem Fest der Freude, dass wir das Leben in uns finden und uns daran freuen.[32)]

Jeder von uns ist auf dem Weg zum Vater. Diese menschlichen Wege sind so unterschiedlich wie die Menschen selbst und dennoch führen sie in die gleiche Richtung.

Bevor wir aber einmal zu einem Festmahl des ewigen Lebens eingeladen werden, dürfen wir schon jetzt an der Freude des Vaters teilnehmen,

---

[32)] vgl. A. Grün, Jesus - Bild des Menschen, Das Evangelium nach Lukas, Stuttgart 2001, S. 59. und S. 64.

nämlich in jeder Eucharistiefeier. Da feiert Gott ein Festmahl mit uns, an dem jeder eine Stärkung und neue Kraft für den Alltag gewinnen kann.

Unser Leben ist ein ständiges Werden. Dabei will uns Gott in einer besonderen Weise helfen, die Überzeugung in uns zu wecken, dass wir alle seine geliebten Söhne und Töchter sind. Wenn wir den Leib des Herrn empfangen, werden wir fähig werden, auf dem falsch eingeschlagenen Weg umzukehren. Es wird uns aber auch gelingen, nicht Neid, sondern Freude zu empfinden, wenn andere uns vorgezogen werden.

Fünfter Fastensonntag

Liturgischer Gruß:

Der Herr, der uns die Güte des Vaters offenbart, sei mit euch.

Kyrie-Rufe:

Herr Jesus Christus,
du willst, dass wir das Gute, das uns geschenkt worden ist,
   nicht vergessen.
Du willst uns dafür empfindsam machen,
   wem wir wirklich alles verdanken.
Du verurteilst keinen, verlangst aber zugleich eine
   selbstkritische Lebenseinstellung.

Gedanken
zum **Evangelium** nach **Joh 8,1-11**

Frau, wo sind sie geblieben?

Die im menschlichen Leben verankerten Beispiele liefern uns die beste Gelegenheit, die Wahrheit über Gott zu erfahren.

Im Grunde genommen dienen diese, auch wenn sie in ihrem Kern sehr tragisch sind wie die Situation mit der Ehebrecherin oder die des verlorenen Sohnes – Evangelium des vorigen Sonntags –, als prägnante Beweise, wie Gott anders ist, als die Menschen ihn darstellen.

Natürlich handelt es sich in beiden Fällen um menschliche Schicksale, sogar um Sein oder Nicht-Sein. Eben diese Ebene beeindruckt und geht sehr tief in das Innere, weil kaum jemand an der Not und der Niederlage eines anderen gleichgültig vorbeigehen sollte.

Solche Beispiele geben uns die Möglichkeit, auf eine einfache Weise über das Leben, über seine Tiefen und Höhen, zugleich aber über die unterschiedlichen Reaktionen und Verhaltensweisen der anderen nachzudenken.

In den Beispielen der Evangelien birgt sich noch eine viel tiefere Bedeutung, nämlich die Offenbarung der Wahrheit über Gott, und somit der Weg zum Wahrnehmen und Erkennen dieser Wahrheit, die die menschlichen Vorstellungen und Ansichten weitgehend übersteigt.

Jesus offenbart uns, welche Eigenschaften Gott unter anderem eigen sind. Zu diesen gehören: Verständnis, Milde, Geduld, Offenheit, Güte, Unkompliziertheit, Großzügigkeit, Gerechtigkeit, Barmherzigkeit, Liebe und vor allem die Menschenfreundlichkeit.

In solchen Beispielen geht es weiter darum, dass wir einen neuen Zugang zu Gott finden, um aus der Fülle seiner Güte und Liebe das Leben gestalten zu können. Wir sind aufgerufen, aus der Perspektive Gottes und nicht aus der menschlichen Ebene die Mitmenschen zu betrachten und sie in ihrer Würde so anzunehmen, wie sie sind.

Damit das Leben, die zwischenmenschlichen Beziehungen und die Welt erträglicher und lebenswürdiger werden, spornt uns Jesus zu neuen Überlegungen über unsere eigenen Einstellungen, Ansichten und Verhaltensweisen den anderen und uns gegenüber an.

Wo liegt aber das Eigentliche des beschriebenen Ereignisses mit der Sünderin?

Die Pharisäer kommen gar nicht der Gerechtigkeit wegen, sondern um Jesus eine Falle zu stellen. Sie missbrauchen also die Frau, ihre Schwäche und ihr Vergehen, um ihrer Interessen willen. Auf ihre Gerechtigkeit achten sie gar nicht und auch darauf nicht, dass zu einem Ehebruch immer zwei gehören.

Jesus lässt sich aber nicht provozieren. In der aufgetretenen Stille während des mysteriösen Schreibens auf der Erde sind die Pharisäer gezwungen, sich ihren eigenen Handlungen und Gedanken in Wahrheit zu stellen.

So bleibt zum Schluss er, der Gerechte, mit der Frau allein. Augustinus sagt zu dieser Stelle: »*Zurückgeblieben sind zwei, die Erbarmungswürdige und das Erbarmen*«. Man könnte ruhig hinzufügen, dass nur das Erbarmen und die verwandelnde Kraft der Liebe, die dieser Frau zu einem neuen Leben verholfen haben, zurückgeblieben sind.

Wäre es also auch für uns nicht viel wichtiger, mit den Menschen umsichtiger und behutsamer umzugehen, ihre Fehler nicht aufzuzeigen und sie schon gar nicht abzustempeln?

Wir sind nicht zum Sammeln der Steine aufgerufen oder berufen, weil jeder kleinste Stein eine Last und keine Erleichterung darstellt. Als Christen gehören wir zu neuen Menschen, die wissen, worin ihre Lebensaufgabe besteht.

Wir sündigen nicht nur durch Taten, weil wir nicht immer Steine sammeln und sie auch werfen, sondern wir hegen im Innersten schon böse Gedanken gegen den Nächsten. Dabei stauen sich oft Hass und eine Vernichtungssucht in uns auf.

Prüfen wir uns in dieser Zeit besonders, denn auch böse Gedanken können tödlich sein. Fragen wir eher, ob gerade auch in einem schlechten Menschen nicht doch Positives zu finden ist, und wir werden vielfach staunen, was selbst in diesem Gutes schlummert.

Palmsonntag

Liturgischer Gruß:

Der Herr, der uns zum Aufbau seines Friedensreiches ermutigt,
sei mit euch.

Kyrie-Rufe:

Herr Jesus Christus,
dank deiner Haltung können wir zwischen den »Hosanna-Rufen«
und der Undankbarkeit der Menschen unterscheiden.
Dank deines vorbildlichen Handelns lernen wir dem Eigenwillen
abzusagen, um den Willen Gottes richtig erkennen zu können.
Dank deines irdischen Lebens erkennen wir, dass wir
Schritt für Schritt mit dir den Weg der Nachfolge gehen sollen.

Gedanken
zum **Evangelium** nach **Lk 19,28-40**

Im Himmel Friede und Herrlichkeit in der Höhe!

Mit dem Palmsonntag beginnt die Heilige Woche, die schon der Be-
zeichnung nach auf das Wesen und den Höhepunkt der Sendung Jesu hinweist.

Wir können uns wahrscheinlich das Bewusstsein und die Gefühle des
Herrn, der gewusst hat, dass seine Tage gezählt sind, gar nicht vorstellen.
Es ist schwierig zu sagen, wie wir uns angesichts des herannahenden To-
des verhalten würden. Ist es also nicht bewundernswert, wie gelassen
Jesus alles über sich ergehen lässt?

Beim triumphalen Einzug in Jerusalem ist Christus mit wahrer
Menschenfreundlichkeit konfrontiert. Die Leute bejubeln ihn, als ob sie
tatsächlich erkannt hätten, dass er der ersehnte Befreier ist, der echten
Frieden bringt. Christus lässt ihre Begeisterung gelten, er weiß dennoch
um die Realität des Lebens, nämlich um ihre Erwartungen. Ja, sein Einzug

in die Heilige Stadt Jerusalem soll außerdem für alle Zeiten und Generationen ein bleibendes Zeichen seines Königtums, eines Königtums der Gerechtigkeit, der Liebe und des Friedens, bleiben.

Das Himmelreich hat mit Jesus festen Fuß in der Geschichte gefasst und es wird bis zur Vollendung fortdauern.

Eben diese seine Liebe drängt ihn, sich für die Menschen zu opfern. Aber auch in den letzten düsteren Stunden sehen wir *Jesus als demütigen, gehorsamen und treuen Zeugen von Gottes Erbarmen und Liebe.*

Nur im Lukasevangelium steht die Bitte Jesu am Kreuz: »Vater, vergib ihnen, denn sie wissen nicht, was sie tun« (23,34). Jesus betet zum Vater, dem Ursprung des Lebens, zum barmherzigen Vater der Frohen Botschaft. Es ist der »Vater unser«, der Vater aller Menschen, auch derer, die ihn nicht kennen und die nicht wissen, was sie tun: was sie den Menschen und damit Gott, dem Vater, antun. Jesus bittet um Vergebung für die, die ihn verurteilen und kreuzigen. So werden es nach seinem Vorbild viele tun: Stephanus, Maximilian Kolbe im Hungerbunker, Edith Stein, Sr. Restituta, Dietrich Bonhoeffer, Alfred Delp ... »Vater, vergib ihnen, denn sie wissen nicht, was sie tun.« Menschen, die Unrecht leiden, rufen nach Sühne und Ausgleich, oft nach Rache und Vergeltung. Gott bietet durch Jesus Christus Versöhnung an.[33]

Diese Tatsache ist für uns Christen von höchster Bedeutung und stets aktuell, weil die meisten sich mit Vergebung und Verzeihung schwertun. *Zur Vergebung kann kein Mensch gezwungen werden, sie liegt immer in der freien Entscheidung.[34]* Es ist nicht leicht, sich zu überwinden und richtig zu verzeihen, vor allem dann nicht, wenn man weiß, wer angefangen und wer das erste böse Wort gesagt hat.

Dennoch sollten wir uns immer wieder etwas von Jesus aneignen, was das Leben leichter und die zwischenmenschlichen Beziehungen erträglicher macht. Damit unsere Liebe und die geschlagenen Brücken nicht zu kurz ausfallen, bitten wir den Herrn um die Gnade solch eines Verzeihens, das frei von jedem Egoismus bleibt, damit wir nicht immer Unfrieden und Probleme, die nicht aufgearbeitet sind, mitschleppen müssen, sondern im Verzeihen die Ruhe des Herzens finden.

———

[33] H. Krahl, Um zu leben, Mainz 2004, S. 32-33.
[34] ibidem, S. 33.

Gründonnerstag

Liturgischer Gruß:

*Der Herr, der seine vorbehaltlose Liebe in der Stiftung
der heiligsten Eucharistie bestätigt hat, sei mit euch.*

Kyrie-Rufe:

Herr Jesus Christus,
- unter uns gegenwärtig, um in vertrautesten
    und engsten Kontakt mit uns zu treten.
- unter uns gegenwärtig, um uns Nahrung zur Stärkung
    für den Lebenskampf sein zu können.
- unter uns gegenwärtig, um die Menschen und die Welt
    zu verändern.

Gedanken
zum **Evangelium** nach **Joh 13,1-15**

Was ich tue, verstehst du jetzt noch nicht

Wir verweilen im Abendmahlsaal und betrachten Jesus, wie er beim
letzten Abendmahl, das zugleich zum »Ersten, Neuen Abendmahl« aller
Zeiten geworden ist, die Eucharistie einsetzt und das Priestertum stiftet.
Somit gehören Eucharistie und Priestertum zum bleibenden Vermächtnis
der Liebe Christi. Beide werden weder ihre Gültigkeit noch ihren Wert
verlieren, weil sie zum Neuen Bund, der ewig währt, zählen.
Wir können nur staunen, welch einfache Mittel Jesus für seine Gegenwart
ausgewählt hat, nämlich die Gestalt des Brotes und des Weines, und in
welch innigster Weise er sich mit uns vereinigen will, nämlich durch die
Verzehrung seines Leibes und Blutes. Die dahinter stehende Wirkung, wie
er selbst versprochen hat, dass jeder, der ihn empfängt, nicht mehr hun-
gern und nicht mehr dürsten wird, verleiht uns Menschen, die wir stets auf
der Suche nach einem gelungenen und glücklichen Leben sind und
unser unruhiges Herz zu stillen versuchen, eine einmalige Chance, die

wahre Realisierung all dessen zu finden, was das Menschenherz begehrt. Aus Christus, dem Quell der göttlichen Gnade, und aus der Lebensfreude können wir jene Kraft schöpfen, die das jetzige Leben nicht nur erfüllt, sondern die Grundlage für das zukünftige, ewige Leben schafft. Scheuen wir uns also nicht, vom Angebot Gottes Gebrauch zu machen.

Am heutigen Hohen Donnerstag wird uns noch eine wichtige Angelegenheit vor Augen gestellt. Die Bedeutung der Fußwaschung, von der das Evangelium spricht, geht in zwei Richtungen, die auch für uns nicht ohne Folgen bleiben.

1. Jesus lässt seine menschliche Natur ganz zur Geltung kommen und verrichtet den niedrigsten Dienst, den ein Mensch an einem anderen vornehmen kann, der aber damals nur den Sklaven vorbehalten war. Seine Liebe zeigt sich hier als völlig frei, sogar grenzenlos, sie geht zugleich so weit und so tief, nämlich bis zum Äußersten, um auf die Ehrfurcht vor dem Menschen aufmerksam zu machen und die Würde eines jeden Einzelnen wahrlich gelten zu lassen. Im Akt der Fußwaschung wird der Mensch, der für Gott das Kostbarste und das Einmalige darstellt, besonders aufgewertet.

2. *Jesu Handeln ist Vorbild für uns Christen. Fußwaschung bedeutet dabei mehr, als nur einander zu dienen. Wie Jesus sollen wir uns hinabbeugen zu unseren Brüdern und Schwestern und sie in ihrer Würde und Achtung berührend aufwerten. Jesus fordert uns zu einem neuen Verhalten auf. Er möchte eine Gemeinschaft von Freunden, die einander den Freundschaftsdienst erweisen. Er möchte eine Gemeinschaft, die einander bedingungslos annimmt und liebt, damit sich jeder darin angenommen und verstanden fühlt.[35]*

Dies gehört zu einer wahren Herausforderung, wenn wir allein die Tatsache betrachten, wie sich die Menschen oft fremd werden und ichbezogen verhalten. Eine geschwisterliche Welt zu schaffen, wo Platz für jeden ist und wo die Menschen menschlicher und liebevoller sind, zählt zu jenen Aufgaben, die uns Jesus am vorletzten Tag seines Lebens aufgetragen hat. Damit wir diesem Vermächtnis bewusst Rechnung tragen, sollten wird öfters darüber nachdenken, wie christlich wir uns tatsächlich im Alltag erweisen.

———

[35] vgl. A. Grün, Jesus - Tür zum Leben, Das Evangelium des Johannes, Stuttgart 2002, S. 110-111.

Karfreitag

Gedanken
zur **Passion** nach **Joh 18,1-19,42**

Es ist Liebe im höchsten Maß, wenn jemand sein Leben für die anderen hingibt. Am Karfreitag wird uns diese Tatsache noch bewusster, weil der, der die Liebe verkündet und lebt, sich aus freiem Entschluss den Menschen ausgeliefert und den Tod auf sich genommen hat.
Wir feiern heute den Freitag der getöteten Unschuld.
Pilatus versucht zu retten, was zu retten wäre, indem er sagt: *»Ich finde keine Schuld an ihm!«* Doch die Menschenmenge gibt diesen Worten kein Gehör. Pilatus versucht noch einen Ausweg zu finden, um die Leute zufriedenzustellen. Wenn sie schon Blut sehen wollen, sollen sie es sehen. Aber auch die Geißelung und die Feststellung: *»Seht, welch ein Mensch!«,* genügen dem Volk nicht.
An diesem Freitag erreicht die Unmenschlichkeit ihren Höhepunkt. Die Menge entehrt Jesus nicht nur in seiner Würde und seiner Hoheit, sondern sie erhebt die Hand gegen Gott. Sie lehnt den Messias ab und somit ihre eigene sichere Zukunft. Sie tötet den, auf den sie gewartet und ihre ganze Hoffnung gesetzt hat. Das Volk tötet also seine eigene Hoffnung. Darum bittet Jesus am Kreuz: *»Vater, vergib ihnen, denn sie wissen nicht, was sie tun!«*
In dieser Vergebungsgeste kommt noch einmal seine grenzenlose Liebe zum Vorschein. Diese Liebe umfasst zugleich alle Verbrechen der ganzen Menschheitsgeschichte. Durch sie ist für alle, die Gott anerkennen und ihr Leben aus Gott zu gestalten versuchen, das Heil erworben worden.
Das Kreuz, ein verachtetes Zeichen der qualvollen Schmerzen und der größten Niederlage, wird durch Jesus, nämlich durch seine ausgespannten Arme, zum einladenden Zeichen der Zuflucht für jene, die mit ihren Lasten und Nöten allein nicht fertig werden. Das Kreuz ist für viele Leidgeprüfte die einzige Hoffnung, Halt und Trost, weil in jedem Kreuz schon ein Lichtstrahl des neuen Lebens aufleuchtet. Das Kreuz weist auf die erlösende Kraft des christlichen Glaubens hin, eines Glaubens, der auf dem Fundament dessen aufgebaut ist, der zum Erlöser der Welt geworden ist.

Ich möchte diese Betrachtung mit den Gedanken von Henri Boulad schließen.

Ich kenne nur ein Heil – dem Tod entgehen! Ich kenne nur ein Unglück – meine Sterblichkeit. Und der Weg vom Unglück zum Heil ist der Glaube. An Jesus Christus glauben heißt eingehen in das Geheimnis seines Lebens, seines Todes und seiner Auferstehung. Ich glaube an Jesus Christus, denn dieser Mann ist der einzige in der Geschichte, der für den Menschen Aufstieg bedeutet, Aufstieg zu etwas anderem hin als zu sich selbst, Aufstieg über alles Menschliche und Weltliche hinaus.[36]

Nur ein einziger Mensch der gesamten Weltgeschichte, Jesus Christus, hat in sich ein Leben, das nicht aus unserer biologischen Ordnung stammt, und es ist unsterblich und ewig. Noch mehr: Jesus Christus hat kein Leben so wie wir es haben, sondern er ist das Leben, und er ist das ewige Leben. Der einzige Mensch, dessen Leben aus dem Tod neu hervorgegangen ist, ist er.[37]

In diesem festen Glauben können wir alle Übel der Welt, wie Terror, Mobbing, Lieblosigkeiten, Angst vor der ungewissen Zukunft und Fehlentwicklung, überwinden und für uns persönlich eine feste Stütze und Zuversicht gewinnen, dass es für uns aus allem ein Auferstehen gibt, weil der Herr letztlich alle Bosheit und Niedertracht durch seine Auferstehung zunichte gemacht hat.

---

[36] vgl. H. Boulad, »Samuel, Samuel!«, Alexandrinische Predigten, Salzburg/Wien 2000, S. 66.

[37] vgl. ibidem, S. 65.

DIE
OSTERZEIT

Osternacht

Gedanken
zum **Evangelium** nach **Lk 24,1-12**

Da sahen sie, dass der Stein vom Grab weggewälzt war

Die Botschaft, die damals am ersten Tag der Woche angesichts des leeren Grabes zuerst bei den Frauen, dann bei den Aposteln Staunen und Verwunderung hervorgerufen hat, ist durch weitere Jahrhunderte zu einem Jubelruf geworden. Diese Botschaft wiederholen wir auch heute mit voller Kraft und Überzeugung: *Er ist auferstanden!*

Drei kleine Worte sind dies nur, die der Menschheit ein bis jetzt ungeahntes Geheimnis von einem neuen Leben, einem neuen Hoffen und einem neuen Ziel künden. In diesen drei Worten spiegelt sich nicht nur die Tatsache der Auferstehung des Herrn wider, der den Tod besiegt hat und zum neuen Leben hinübergegangen ist, sondern die Lebensfreundlichkeit und die unendliche Liebe Gottes, die uns Menschen so ganz umfängt, dass sie uns ermöglicht, am neuen Leben nach unserer Auferstehung teilhaben zu dürfen.

Uns wurde am Aschermittwoch die irdische Vergänglichkeit nahegebracht. Die Worte *»Bedenke, Mensch, dass du aus Staub bist und wieder zum Staub zurückkehren wirst«* wollten in uns das Bewusstsein wecken, dass wir keine Bleibe auf Erden haben. Unsere Bestimmung geht viel weiter, nämlich über die Grenze des Todes hinaus.

In der Freude des heutigen Festes können wir ruhig eine total andere Einstellung gewinnen und sagen: »Bedenke, Mensch, aus Liebe bist geschaffen, durch Liebe bist du empfangen, in Liebe sollst du dein Leben gestalten, damit du zur Liebe, dem Ziel deines Lebens, das Gott allein ist, zurückkehren wirst.«

Deshalb können wir einen neuen Aspekt unserer christlichen Berufung entdecken, nämlich das Leben zu lieben. Viele wissen oft nicht, welche Einmaligkeit und welch unschätzbaren Wert das Leben besitzt. Manche wissen nicht, was sie mit ihrem Leben anfangen sollen. Das Leben in all seiner Breite und Tiefe, in seiner Länge und Höhe zu lieben, jeden Tag als Geschenk Gottes zu betrachten, den Menschen um uns liebe- und verständnisvoll zu begegnen und nicht zuletzt das Leben aus Gott zu gestalten, müsste für uns trotz aller Lebensprobleme und Schwierigkeiten, die aus dem Alltag nicht auszulöschen sind, unsere Lebensdevise sein.

Die Realisierung unseres Menschseins wird uns gelingen, wenn wir uns noch mehr für Christus begeistern lassen und aus seiner Botschaft Kraft schöpfen, zugleich aber am Werk der Ausbreitung seines Reiches des Friedens, der Gerechtigkeit und der Liebe schon hier und jetzt intensiv mitwirken.

Solch ein Fest, wie es das heutige ist, spornt uns an, den Alltag bewusst zu gestalten, den morgigen Tag freudigen Herzens zu erwarten und den weit emporgehobenen Blick in die Zukunft zu bewahren.

Somit wird die Auferstehung des Herrn für uns nicht nur ein Fest der Freude und der Hoffnung auf ein neues, unvergängliches Leben sein, sondern ein Fest der Zuversicht, dieses Leben aus der Perspektive des ewigen Lebens zu gestalten. Dieses Leben müsste auf eine neue Geburt zur Liebe, die alles umfängt und niemals endet, ausgerichtet sein.

Im Licht der Ostersonne bekommen die Geheimnisse der Erde ein anderes Licht und das Leben einen neun Sinn (nach Friedrich von Bodelschwingh).

Am Tag

Liturgischer Gruß:

*Der Herr, der den Tod besiegt hat und uns daher die feste
Zuversicht auf ein Leben bei Gott verleiht, sei mit euch.*

Kyrie-Rufe:

*Herr Jesus Christus,
du hast uns die höchste Wahrheit, nämlich die Auferstehung,
     geoffenbart.
Dank deiner Konsequenz im irdischen Handeln können wir dem
     sicheren Ziel unserer Existenz entgegeneilen,
     dem ewigen Leben beim Vater.
Du einzige Hoffnung und Vollendung unseres Erdenlebens.*

Gedanken
zum **Evangelium** nach **Joh 20,1-9**

*Da lief sie schnell zu Simon Petrus und dem Jünger,
den Jesus liebte*

Wer Ostern kennt, kann nicht verzweifeln, hat Dietrich Bonhoeffer gesagt. In dieser Feststellung liegt das ganze Geheimnis des menschlichen
Lebens überhaupt und im Besonderen die Gnade des christlichen
Glaubens verborgen.
Wir haben es viel leichter als Maria von Magdala, Petrus und Johannes,
die ersten Zeugen der Auferstehung. Wir wissen, auf welchem Glaubens-
fundament wir stehen. Das leere Grab ist für uns kein Rätsel, sondern die
Sicherheit der uns erwartenden Auferstehung. Es ist zugleich ein Symbol
des Sieges über den Tod und ein Zeichen der Hoffnung auf ein neues
Leben bei Gott. Die Wahrheit von der Auferstehung gehört zum Wesen
unseres christlichen Glaubens, dennoch unterliegt der Glaube einem Reifungsprozess. Er ist das Hineinwachsen in jene Geheimnisse, die uns Gott
offenbart, die auch in der Liturgie der Kirche so umfangreich zum

Ausdruck kommen. Der Glaube bleibt stets eine Herausforderung für den Alltag, der uns vom Wesentlichen ablenkt und manchmal verunsichert. Zu den wertvollsten Lebenserfahrungen aber zählen das Begreifen und die Wahrnehmung der kleinen Alltagswunder, die unauffällig durch Gottes Vorsehung geschehen.

Wir sind Menschen des Glaubens und der Hoffnung. Nun müssten wir diesen Glauben und diese Hoffnung auch im Alltag zur Geltung kommen lassen. Dadurch würde eine ganz neue Lebendigkeit, die auch anderen helfen könnte, an ihr tägliches Auferstehen zu glauben, unseren Alltag erfüllen. Wenn wir uns selber anschauen, merken wir vielleicht, wie einfach das Christsein zu leben ist. Jene, die keinen Glauben haben, tun sich oft schwer. Sie wissen weder ein noch aus. Darum können wir aus unserer Glaubensüberzeugung solchen Personen behilflich sein, sei es mit einem guten Wort, mit einem wertvollen Rat oder mit einem Hinweis auf die Zuwendung Gottes, dass es immer einen Strahl der Hoffnung zu gewinnen gibt. Damit werden sie in ihrem Leben zurechtkommen.

Wie Gott zu uns das Ja durch seinen Sohn gesagt hat, so müssten auch wir zu den anderen ein Ja sagen. Dazu gibt es tagtäglich viele Gelegenheiten. Dadurch, wie wir den anderen begegnen und ihnen über verschiedene Schwierigkeiten hinweghelfen, werden wir ihnen vermitteln können, dass sie zu diesem Leben einen neuen Zugang finden und die Überzeugung erlangen können, dass das Leben nicht mit dem Tod endet.

Für den, der glaubt, wird das letzte Wunder größer als das erste sein (Dag Hammarskjöld).

Ostermontag

Liturgischer Gruß:

Der Herr, der sich jedem zu erkennen gibt, der ihn als
Lebensbegleiter wählt, sei mit euch.

Kyrie-Rufe:

Herr Jesus Christus,
du stillst in uns das Verlangen nach der Wahrheit.
Du lenkst unsere Herzen und Gedanken, gehst aber auch alle
  Lebenswege mit.
Du teilst mit uns das Brot des Lebens.

Gedanken
zum **Evangelium** nach **Lk 24,13-35**

Am gleichen Tag

Was man nicht alles durch ein geduldiges Gespräch klären und erreichen
kann! Wie notwenig es manchmal ist, eine weite Strecke mit jemandem
zurückzulegen, damit er endlich erkennt und begreift, worum es eigentlich geht, kennen wir vielleicht aus Lebenserfahrungen. Wie wichtig Ausdauer trotz vieler Schwierigkeiten und Probleme ist, wissen wir aus den
kleinen Wundern des Alltags.
Nicht jeder wird sofort herausfinden, was ein anderer für ihn bedeuten
kann. Solch eine Überzeugung braucht manchmal eine gewisse Zeit,
Nähe und vor allem Ehrlichkeit.
Der Mensch ist ein Wesen, das andere braucht, wenigstens einen, der verständnisvoll und offen ist, mit dem man über alles sprechen, ihm Geheimnisse anvertrauen und auf den man sich verlassen kann. Ein Mensch wird
eine große Stütze sein, vor allem bei Bedürfnissen und in Nöten, mit denen man selbst nicht fertig wird.
Viele Probleme, vor allem die persönlichen, würden oft überhaupt nicht
auftreten, wenn sich rechtzeitig jemand fände, der die Fähigkeit besäße,
einen einfachen, schlichten und guten Rat zu geben, zuhören zu können,
der aber auch eine aufbauende Zurechtweisung nicht scheute.

Was aber sehr wichtig scheint, bleibt die Dankbarkeit solchen Personen gegenüber, die uns im Leben geholfen, eine Richtung gezeigt, vielfach aufgemuntert und die uns das gesagt haben, was ihnen richtig und wichtig erschienen ist.

Der Emmausweg der beiden Jünger, die mit Jesus unterwegs sind, spiegelt viele Aspekte des menschlichen Lebens wider.

Die Jünger erkennen auf ihrem Weg nicht, wer sie begleitet. Sie lassen aber die Begleitung zu, sind offen und aufnahmefähig. Sie spüren dann, wie ihnen das Herz brennt. Dies bedeutet, dass in ihrem Innersten wieder Freude und Zuversicht aufflammen. Nach der ganzen Tragödie der vergangenen Tage lassen sie sich von ihrem Begleiter mit jenem Optimismus und von jener Begeisterung anstecken, die er ihnen durch die Auslegung der Schrift und natürlich durch seine Anwesenheit vermittelt.

So wird der Weg nach Emmaus zu einem symbolischen Weg eines jeden Christen.

Wir wissen, dass Jesus uns stets begleitet, unabhängig davon, ob wir es merken und wahrnehmen oder nicht. Er ist ganz einfach mit uns.

Nicht umsonst hat er versprochen: »*Seid gewiss: Ich bin bei euch alle Tage.*«

Deshalb ist der Lebensweg eines Christen eigentlich ein Pilgerweg, der zum Ziel des Lebens, das Gott selbst ist, führt.

Bei diesem Unterwegssein werden wir durch Jesus selbst bereichert, durch sein Wort, durch die Sakramente, vor allem aber beim »Brotbrechen« während jedes eucharistischen Mahles.

Außerdem können wir mit ihm ohne Zeitdruck alles besprechen, was uns bedrängt und bedrückt, aber auch, was uns freut und glücklich macht.

Mehr noch, Jesus begleitet uns vor allem, wenn wir traurig und enttäuscht sind oder Sorgen und ungelöste Probleme haben, wie dies bei den Jüngern der Fall gewesen ist.

Wie wohlwollend sein Wille und sein Beistand sind, erfahren wir erst richtig im Nachhinein, also rückblickend. Das Walten Gottes bestimmt den Weg eines gläubigen Menschen.

Wir dürfen aber nicht alles dem Herrgott überlassen. Selbst müssen wir auch etwas leisten.

Ich möchte diese Betrachtung mit den Worten von Catharina Elisabeth
Goethe schließen:

Ich freue mich des Lebens,
suche keine Dornen,
hasche die kleinen Freuden.
Sind die Türen niedrig,
so bücke ich mich.
Kann ich den Stein aus dem
Weg räumen, so tue ich es;
ist er zu schwer,
so gehe ich um ihn herum –
und so finde ich alle Tage etwas,
was mich freut.
Und der Schlussstein,
der Glaube an Gott,
der macht mein Herz froh,
mein Angesicht fröhlich.[38]

---

[38] B. u. H. Hug (Hg.), Wurzeln die uns tragen, Stuttgart 1984, Gedanken für den 3. Juni.

Zweiter Sonntag der Osterzeit

Liturgischer Gruß:

Der Herr, der jeden aus seiner Zerschlagenheit emporhebt,
sei mit euch.

Kyrie-Rufe:

Herr Jesus Christus,
du Sieger über Sünde und Tod.
Du Leben der ganzen Welt.
Du Tür, die immer offen steht für jeden.

Gedanken
zum **Evangelium** nach **Joh 20,19-31**

… trat in ihre Mitte

Der erste Tag, der Auferstehungstag, von dem auch das heutige Evangelium spricht, ist voll der Ereignisse, die wir in der Liturgie in einer gewissen »Ausdehnung« feiern. Es ist der Freudentag, an dem Jesus sich einige Male den Auserwählten offenbart. Dies sind zuerst Maria von Magdala mit ihren Gefährtinnen, Petrus, die zwei Jünger, die nach Emmaus unterwegs sind, und nicht zuletzt die anderen mit Thomas an der Spitze.
Nicht umsonst betonen die Evangelien, dass Jesus seine Auferstehung den engsten Auserwählten sofort kundtut. Die daraus fließende Freude, auch seine persönliche Freude, sollte die erreichen, die auf diesen Augenblick sehnsüchtig gewartet haben.
Jesus lässt die Jünger in ihrer Zerschlagenheit und Mutlosigkeit nicht allein. Er will ihre Zweifel ausnamslos beseitigen, damit sie eben gleich an diesem freudvollen Tag zu jener Überzeugung gelangen, die zum Fundament ihres Glaubens und aller zukünftigen Generationen wird.
Warum gerade Thomas so eine besondere Erwähnung und eine genaue Beschreibung seines überzeugenden Glaubens und des daraus resultierenden

tiefgreifenden Bekenntnisses seiner Liebe zu Jesus verdient, ist irgendwie verständlich.

Er ist wahrscheinlich der Einzige, der nicht dabei gewesen ist, als Jesus am Abend des Auferstehungstages den Jüngern erscheint. Als ihm von den anderen überbracht wird, dass Christus wirklich auferstanden sei, hat er dies nicht glauben können und einen Beweis verlangt. Wir kennen seine Feststellung: *»Wenn ich die Wundmale Jesu nicht sehe und diese nicht berühre, glaube ich nicht.«*

Was Thomas verlangt, ist gar nicht verwunderlich, eher natürlich und selbstverständlich. Ein Beweis basiert meistens auf dem Empirischen (dem Greifbaren), d. h. auf der Überzeugung und der Erkenntnis, die nur durch Erfahrung gewonnen werden können.

Einige Tage später, genau genommen acht Tage danach, fordert Jesus bei einer weiteren Erscheinung den nicht leichtgläubigen Thomas auf, seine Wunden zu berühren. In acht Tagen beginnen solche normalerweise zu heilen. Die Wunden Jesu bleiben offensichtlich so weit sichtbar und greifbar, dass sie zum deutlichen Zeichen seiner Identität werden.

Da fällt Thomas auf die Knie und ruft: *»Mein Herr und mein Gott!«*

Diese seine Überzeugung ist eigentlich für alle Generationen zu einem Ruf des wahren Glaubens geworden.

Somit können wir am heutigen Sonntag, dem Weißen Sonntag, der an die Neugetauften erinnern soll, der zugleich als *»Sonntag der Barmherzigkeit«*, den Papst Johannes Paul II. eingeführt hat, gefeiert wird, einiges auch für uns gewinnen.

Der Glaube beginnt im Herzen und nicht im Verstand, deshalb wird er auch vielen, die das Herz nicht öffnen, nicht geschenkt.

Der Glaube ist stets einem Reifungsprozess unterworfen, wie dies auch bei Thomas der Fall gewesen ist. Er hat die Wahrheit erst acht Tage danach erfahren dürfen. Früher wäre er wahrscheinlich noch nicht so weit gewesen. Uns müsste auch klar sein, dass Menschen, die Jesus, seine Liebe und seine Wahrhaftigkeit schon einmal ganz nahe und deutlich erlebt haben, nie solche Gedanken aufkommen lassen dürften, die Thomas überwältigt haben. Zweifel sind nur dann gerechtfertigt, wenn man die Echtheit eines Vorganges nicht akzeptieren kann.

Dem aber, der die Wahrheit vertritt und selbst die Wahrheit ist, können und dürfen wir vorbehaltlos vertrauen, weil kein weiterer Beweis für seine Glaubwürdigkeit notwenig ist.

Es liegt eigentlich an jedem Einzelnen, dass er seinen Glauben so stärkt, um nicht daran zweifeln zu müssen, dass Gott immer das Beste für ihn will.

Dritter Sonntag der Osterzeit

Liturgischer Gruß:

Der Herr, der alle Misserfolge des Lebens versteht,
sei mit euch.

Kyrie-Rufe:

Herr Jesus Christus,
du wartest stets auf unsere Offenheit.
Du lädst uns immer wieder ein, an deiner
* Mahlgemeinschaft teilzunehmen.*
Mit deinen guten Gaben willst du unsere Sehnsucht
* und unseren Lebensdurst stillen.*

Gedanken
zum **Evangelium** nach **Joh 21,1-19**

Da sagte der Jünger, den Jesus liebte, zu Petrus:
Es ist der Herr!

Am See, am Ort ihrer Mühe und ihres Lebensunterhalts, offenbart sich Jesus den Jüngern noch einmal. Sie erleben dadurch wieder einen gewissen Ostertag, dennoch unter ganz anderen Umständen und in einer anderen Art.

Nach dem Misserfolg der Nacht kehren sie erschöpft zurück, ohne zu ahnen, dass ihre Niederlage zu einem Segen wird. Sie erleben eine überraschende Begegnung mit dem Auferstandenen. Sie wissen, dass er lebt, brauchen aber eine Zeit, um wirklich zweifelsfrei glauben zu können. Sie werfen ihre Netze ohne Widerrede erneut aus, diesmal auf der angegebenen rechten Seite; und als sie mit ihrem reichen Fang zurückkehren, nehmen sie ruhig die weiteren Aufforderungen des Unbekannten an. Nur Johannes, der Lieblingsjünger, ahnt und erkennt, dass es Jesus ist.

Der Unterschied dieser Begegnung zu den früheren liegt unter anderem auch darin, dass Jesus am Abend des ersten Tages, des Auferstehungstages also, um Essen bittet, und er bekommt ein Stück gebratenen Fisch. Genau genommen will er nicht nur an der Mahlgemeinschaft teilnehmen, sondern die Authentizität seines Leibes bezeugen und schließlich die verstockten Herzen der Jünger öffnen.

Am See von Tiberias bereitet Jesus selbst das Mahl, sogar eine warme Mahlzeit, die von einer besonderen Aufmerksamkeit und Liebe zeugt, weil normalerweise in jeder Speise ein Stück der Liebe und des Selbst steckt.

Wenn etwas also aus Liebe und in Liebe geschieht, werden die Worte oft überflüssig, sogar unnötig. Deshalb reden die Jünger so wenig und fragen fast gar nichts.

Erst nach dem Mahl kommt es zum Höhepunkt dieses Geschehens, nämlich zu Petri Bekenntnis der Liebe.

Etwas ist in Petrus schon anders geworden. Auf die Frage: »Liebst du mich mehr als diese?« wagt er nicht, wie er sonst getan hätte, zu erwidern: »Ja«, einfachhin, sondern er sagt mit Zurückhaltung: »Herr, du weißt, dass ich dich liebe.« Als dann die Frage zum zweiten und dritten Mal kommt, merkt er, was das bedeutet: dass er für seine dreimalige Verleugnung zur Sühne gerufen wird. Zugleich aber wird ihm das Wort von Caesarea Philippi bestätigt: er soll das Felsenfundament weiterhin bleiben und die Schlüssel des Himmelreichs behalten; er soll der Hirt sein, der die Lämmer und die Schafe, die ganze Herde seines Herrn, führt.[39]

In der dargestellten Szene handelt es sich zweifellos um ein Zeugnis der Liebe.

Ich denke bei dieser Stelle an die Brautleute, die auch ihre Liebe vor den Anwesenden bekunden. Dies ist eine Besiegelung all dessen, was sie in ihrem Herzen schon längst tragen.

Bei Petrus ist es nicht anders gewesen. Die Berufung setzt eine Liebe voraus, eine persönliche Liebe zu Christus, unabhängig von menschlichen Schwächen. Diese sollte nach Jesu Willen auch den anderen kundgetan werden, damit auch sie mehr Mut gewinnen, sich öffentlich zu ihm zu bekennen.

———

[39] vgl. R. Guradini, Der Herr, Würzburg 1951, S. 496.

Diese wunderbare Szene aus dem heutigen Evangelium hinterlässt sicherlich auch bei uns einen bleibenden Eindruck und spornt uns zu bestimmten Reflexionen an.

Sind manche unserer Erlebnisse nicht mit jenen der Jünger vergleichbar? Bleiben nicht unsere Arbeiten und Mühen oft vergebens?

Und doch dürfen wir nie aufgeben, wenn unsere Netze des Hoffens und des Erwartens leer bleiben. Geben wir nie auf, wenn uns etwas nicht gelingt, sogar einige Male nicht gelingt.

Wer an Jesus glaubt und seinem Wort folgt, kann immer mit seinem Beistand rechnen, auch wenn er diese Hilfe nicht sofort sieht. Wir leben ja aus dem Glauben, wir leben zugleich dank der Sorge und der Gnade Jesu. Wenn wir aber spüren, was wir machen sollten, sogar müssten, dann wagen wir es, uns mehr auf Jesus einzulassen. So werden wir hautnah und immer wieder den Ostertag, also unsere tägliche Auferstehung, erleben, vor allem dann, wenn wir diese am wenigsten erwarten.

Vierter Sonntag der Osterzeit

Liturgischer Gruß:

*Der Herr, der uns seine Zuneigung und sein Verständnis als
guter Hirt entgegenbringt, sei mit euch.*

Kyrie-Rufe:

*Herr Jesus Christus,
du willst uns dem Öden entreißen, um uns auf geistliche
Weiden führen zu können, wo unser Hunger nach
bleibenden Gütern gestillt wird.
Du willst die Menschen als Hirten gewinnen,
wir kommen nur selten darauf, dass du auch im Sinn hast,
uns diesen Auftrag zu erteilen.
Du sehnst dich so sehr nach einer geistigen Vereinigung mit uns,
wir aber suchen immer wieder nach Geborgenheiten,
die keine beglückende Befriedigung schenken.*

Gedanken
zum **Evangelium** nach **Joh 10,27-30**

Meine Schafe hören auf meine Stimme

Wer meint, er müsse alles selbst lösen, der trägt schwer an seiner Verantwortung, der nimmt auch sein Menschsein als schwere Aufgabe. Die
Leichtigkeit meint nicht Leichtsinn oder Fahrlässigkeit, sie gründet vielmehr auf einem tiefen Vertrauen, dass wir in Gottes guter Hand sind und
dass Er für uns sorgt. Und sie weiß darum, dass wir Ihm nichts vorweisen
müssen.[40]

Der Vergleich mit dem guten Hirten verleiht auch uns, die wir in einer
industriellen Gesellschaft kaum noch unmittelbare Erfahrungen mit einer

---

[40] A. Grün, Vergiss das Beste nicht, Freiburg im Breisgau 2001, S. 76.

Herde haben, bestimmte Impulse und Erkenntnisse, die uns vielleicht noch mehr auf bestimmte Begebenheiten aufmerksam machen als jene, die tagtäglich mit echten Hirten verkehren.

Wir leben in einer Welt, die sehr viel von den einzelnen Personen fordert. Am Arbeitsplatz müssen wir selbst die Verantwortung übernehmen. Auch zu Hause sind wir meistens auf die eigenen Kräfte angewiesen.

Und doch merken wir mit der Zeit, wie sehr die Beschäftigung uns, unsere Zeit und unsere Energie in Anspruch nimmt, dass wir uns manchmal wie in einer Mühle befinden. Ich will hier gar nicht das Leben in einer richtigen Großstadt betrachten.

Gerade in der Gegenwart, wo die Menschen sich vielfach verloren und ausgebrannt fühlen, sogar keine Kraft fürs Leben haben, ist es gut, dass sich eine Stimme erhebt, die sie ganz einfach an etwas erinnert, worauf sie vielleicht in ihrem Innersten schon lange sehnsüchtig gewartet haben.

Die Menschen bilden tatsächlich eine große Herde, die aber nicht alleingelassen ist. Diese Tatsache müsste man der unsicheren und ruhelosen Gesellschaft immer wieder vor Augen stellen.

Die Geschicke der Menschheit und jedes einzelnen Menschen hängen nicht nur vom politischen und wirtschaftlichen Geschehen, auch nicht von unseren Aktivitäten ab.

Es ist jemand, der über all dem Irdischen, der fruchtbaren »Wiese, die die Erde darstellt«, steht. Eben er, von dem wir wissen, wie er sich um uns sorgt und kümmert, gibt uns die frohe Kunde von seinem Beistand durch sein Wort, das die Kirche allen Zeiten und Generationen weiterverkündet.

Uns Christen obliegt es auch, diese Aufgabe zu erfüllen, indem wir den Menschen um uns, die keinen Halt und keine Stütze im Leben haben, sagen:

- »Entdecke den in deinem Leben, der dich sicher durchs Leben führen will;
- wähle ihn zu einem treuen Begleiter, weil er die Wege deines Lebens von oben und nicht von unten sieht;
- schenke ihm Vertrauen, weil er weiß, was für dich gut und richtig ist;
- bleibe ihm nahe, indem du ihn nie aus den Augen verlierst, durch die Zwiesprache, durch die Feier der Sakramente oder durch die Teilnahme an all dem Reichtum, den er in seiner Liebe und Güte für dich bereithält;

- folge ihm nach, er wird dich leiten und führen durch Tiefen und Höhen, durch Freud und Leid, und du wirst nie in deinen Unternehmungen und Erlebnissen allein bleiben!«

Es ist Jesus Christus, der jeden Menschen in seinem Herzen trägt und so weiden will, dass er sich nie verirrt und nie zugrunde geht.

Ich möchte diese Betrachtung mit einem Gebet von John H. Newman schließen. *Ich danke dir aus ganzem Herzen, dass du mich meiner eigenen Hut entrissen und mir befohlen hast, mich in deine Hand zu geben. Ich kann nichts Besseres wünschen, als deine Bürde zu sein und nicht meine eigene. O Herr, durch deine Gnade will ich dir folgen, wohin immer du gehst, und will dir auf deinem Weg nicht vorgreifen. Ich will warten auf dich, auf deine Führung, und wenn ich sie erlangt habe, will ich in Schlichtheit und ohne Furcht handeln.*

Fünfter Sonntag der Osterzeit

Liturgischer Gruß:

Der Herr, der uns über alles liebt, sei mit euch.

Kyrie-Rufe:

Herr Jesus Christus,
wir begreifen noch immer nicht, was die zwischenmenschliche
*   Liebe bedeutet.*
Wir begreifen noch immer nicht, dass der wahre Friede nur
*   dann möglich ist, wenn wir uns alle vertragen.*
Wir begreifen noch immer nicht, dass weder Waffen noch
*   Gewalt, sondern nur die Liebe der Schlüssel zur*
*   Bewältigung aller zwischenmenschlichen Beziehungen ist.*

Gedanken
zum **Evangelium** nach **Joh 13,31-33a.34-35**

Liebt einander, wie ich euch geliebt habe

Das Gebot der Liebe, das in so wenigen Worten ausgedrückt ist, gehört in der Tat zu den schwierigsten Satzungen unseres Glaubens.

Da wir aber ohne zu lieben gar nicht richtig leben können, müssen wir zu begreifen versuchen, was Christus tatsächlich mit seinem neuen Gebot will.

Mehr noch: Da das Gebot der Liebe zu den ersten und wichtigsten Aufgaben unseres Christseins gehört, liegt es nicht nur in unserem Ermessen, darüber nachzudenken, sondern die Erfüllung zählt auch zu unserer allerersten Pflicht. Diese sollte in unserem Leben zum festen und untrennbaren Element unserer Existenz werden.

Wir müssen ja sogar lieben, wie Christus uns geliebt hat.

Somit darf unsere Liebe sich nicht auf einen Menschen oder auf einige Personen beschränken. Sie müsste allen ohne Vorbehalte gelten. Hierin liegt eine enorme Herausforderung.

Wir wissen, dass Jesus den Menschen gegenüber vor allem liebevoll, verständnisvoll, geduldig, einfühlsam und aufmerksam gewesen ist.

Wenn wir in unserer Zeit an die Akte der Nächstenliebe denken, dann erkennen wir, dass in jedem Menschen ein zweiter Christus steckt, sodass wir ihm in jedem Menschen begegnen. *Wer liebt, langweilt sich nicht. Einmal weil er nie fertig geliebt hat, auf welcher Ebene es auch sei; vor allem aber, weil er stets neue Beweggründe, neue Arten der Hingabe, neue Anlässe für Liebeserweisungen entdeckt. So erweist sich der Akt christlicher Liebe als etwas Unabsehbares in seiner Mannigfaltigkeit, seiner Dauer, seinen Auswirkungen. Jeder, der glaubt, weiß um diesen Nächsten; überlegt er, wer dieser Nächste ist, was ihm zuliebe getan werden kann. Viele Glaubende begehen einen Fehler, diese Überlegung zu unterlassen. Sie betrachten ihre Umgebung als ein für allemal unveränderlich. Sie bedenken nicht, dass es Mauern gibt, damit man durch sie hindurchgehe.*[41]

Wenn wir tatsächlich in unserer Einstellung so weit sein können, dass wir in jedem Menschen den Nächsten sehen, den wir zu lieben verpflichtet sind, egal, ob er sympathisch oder unsympathisch, hübsch oder hässlich, freundlich oder gleichgültig, uns gut oder schlecht gesinnt ist, und ihn gerade deshalb lieben, weil wir *in uns keine Neigung fühlen, weil er der Gefangene unserer Vorurteile ist, der Arme, dem wir die Reichtümer der Liebe bisher versagt haben, der Kranke, dessen Krankheit wir nicht mittragen oder beachten wollen. Wenn wir für diese Möglichkeiten, die der Herr uns nahe legt, die Augen offen hielten, wäre die Liebe nicht mehr weit: einmal in Form des Erbarmens, einmal im Willen, Freude zu bereiten, einmal ganz einfach in der Erfüllung des Gebotes. Das Gebot erstreckt sich also weiter, als wir meinen; es ist in wenigen Worten ausgedrückt, aber das Leben reicht nicht aus, es voll zu erfassen.*[42]

Zu den schwierigsten Punkten der Herausforderung Jesu, die im Gebot der Liebe münden, gehört zweifellos jene Tatsache, dass *die Liebe nicht nur schenken und geben darf. Liebe muss tausendmal verzeihen* (Gertrud Maassen). Der hl. Apostel Paulus sagt genauso im 1. Korintherbrief (13,5): »*Die Liebe trägt das Böse nicht nach.*«

---

[41] vgl. A. v. Speyr, Über die Liebe, Einsiedeln 1976, S. 122-123.
[42] ibidem, S. 124.

93

In dieser Aussage erinnert uns der Apostel, dass Vergebung einer der wichtigsten und erhabensten Akte der Liebe ist.[43]

Wir müssten unser Gedächtnis immer wieder reinigen, damit darin nichts Nachteiliges oder Stures auf Dauer bleibt.

Sollte dennoch in unserem Denken eine solche veraltete Unnachgiebigkeit vorhanden sein, dann besteht gerade am heutigen Sonntag die Möglichkeit, sich dem Anruf des Herrn anzuschließen und neuerdings echte Liebe zu lernen, indem wir in kleinen Schritten verzeihen lernen.

Ich möchte diese Betrachtung mit einem Gebet von Mechthild von Hackeborn schließen:

Herr, in Vereinigung mit der Liebe,
in der du auf Erden gewirkt hast
und immerfort wirkst,
gehe ich an die Arbeit zu deinem Lob
und zum Besten meiner Mitmenschen.
Du willst, dass ich tätig sei,
und hast gesagt:
Ohne mich könnt ihr nichts.

So bitte ich, dass mein Tun
gleich wie ein Tropfen im Strom vereinigt
und vollendet sei in deinem
unendlichen vollkommenen Werk.[44]

---

[43] vgl. Johannes Paul II, Botschaft des Hl. Vaters zur Fastenzeit 2001
[44] vgl. A. Müller-Felesenburg (Hg.), Jeder Tag ein neuer Anfang, Augsburg 2001, Gedanken zum 18. Mai

Sechster Sonntag der Osterzeit

Liturgischer Gruß:

*Der Herr, der allen Menschen seinen Frieden schenken will,
sei mit euch.*

Kyrie-Rufe:

*Herr Jesus Christus,
du willst, dass die Menschen endlich begreifen,
wie liebenswert das Leben ist.
Du willst, dass jeder im Frieden seine Zukunft gestalten kann.
Du spornst uns an, für den Frieden unter uns
und unter allen Völkern einzutreten.*

Gedanken
zum **Evangelium** nach **Joh 14,23-29**

... mein Vater wird ihn lieben

Es gibt keinen Menschen, der nicht irgendeine andere Person brauchen würde. Es gibt auch keinen, der selbstgenügsam sein dürfte. Es gibt kaum jemanden, der sagen könnte: »Ich habe alles ausschließlich aus eigener Kraft und aus eigenem Vermögen erreicht.«
Das, was wir haben, gründet natürlich in unseren Begabungen, in unserem Fleiß und oft in unseren Opfern. Dennoch haben wir vor allem im Kindesalter und in jungen Jahren von der Bereitschaft bzw. dem Beistand der uns gut gesinnten Menschen sicherlich sehr viel Hilfe erfahren.
Wenn wir also zur Entfaltung andere brauchen, wie viel mehr sind wir in unseren Unternehmungen und Vorhaben auf Gott angewiesen, der alle menschlichen Möglichkeiten übersteigt.
Worin liegt eben der Unterschied zwischen dem Beistand oder der Bereicherung durch andere Personen und dem umfassenden Beistand Gottes? Vor allem darin, dass das, was menschlich ist, zeitlich begrenzt bleibt.

Jener Hilfe aber, die wir von Gott erfahren, sind keine Grenzen gesetzt. Sie ist dauerhaft und zugleich vollkommen.

Jesus geht von seinen Jüngern, haben wir dem heutigen Evangelium entnommen, um ihnen auf neue Weise nahe zu sein. Die Entfernung wird zur neuen Nähe, wie auch im Leben des Christen das Weggehen unerlässlich ist.[45]

Wenn also am heutigen Sonntag vom göttlichen Beistand, dem Heiligen Geist, die Rede ist, dann müsste uns Christgläubigen noch mehr bewusst werden, was das Versprechen des Herrn eigentlich bedeutet.

Es geht zweifelsfrei zuerst um das Sich-Einlassen und um das Sich-gänzlich-auf-Gott-Verlassen, weil außer ihm kein Mensch unsere tiefsten Bedürfnisse richtig weiß und versteht, und es geht weiter um die Anerkennung der Wirkung des Geistes Gottes jetzt und hier.

Wir sind doch von Gottes liebendem Willen und von seinem gütigen Walten überzeugt.

Lassen wir uns immer mehr vom Geist Jesu Christi leiten.

Lassen wir unser Herz für die Eingebung dieses Geistes offen, damit wir besser erkennen und verstehen, was in unserem Leben wichtig und richtig ist.

Lassen wir den Geist des Herrn durch uns wirken, vor allem dort, wo er uns sendet, ohne dass wir dies wissen oder dass uns das bewusst wird. Er soll sich unser bedienen, um jenen beizustehen und zu helfen, die seiner Gnade bedürfen.

Wo der Geist Jesu Christi einen Platz zum Wirken, sogar zum Herrschen bekommt, dort wird ein anderes Klima unter den Menschen entstehen, dort wird der Friede festen Fuß fassen können, dort werden Verständnis, Entgegenkommen und gegenseitige Annahme Verwirklichung finden.

Wo der Geist Jesu Christi zur Geltung kommt, da können die Gebeugten, die Zerschlagenen, die Niedergetrampelten, die Mutlosen, die Unrecht Leidenden wieder Mut fassen und Lebendigkeit erlangen.

Lassen wir uns also vom Geist Jesu tagtäglich erfüllen, indem wir ihn bewusst um seinen Beistand bitten. Wir werden merken, wie ernst er unsere Anliegen und Lebenssituationen nimmt und uns wirklich nahe bleibt, wie er es versprochen hat.

---

[45] K. Wagner, Denkanstöße, op. cit., S. 86.

Christi Himmelfahrt

Liturgischer Gruß:

Der Herr, der uns die Gewissheit der Teilnahme
an seiner Herrlichkeit verleiht, sei mit euch.

Kyrie-Rufe:

Herr Jesus Christus,
- aufgefahren in den Himmel, um auf unsere Bestimmung
  hinzuweisen.
- aufgefahren in den Himmel, damit wir dein Werk fortsetzen.
- aufgefahren in den Himmel, damit keiner auf das letzte Ziel,
  nämlich auf das Glück des Himmels, vergisst.

Gedanken
zum **Evangelium** nach **Lk 24,46-53**

Ihr seid Zeugen dafür

Die Himmelfahrt (vgl. Apg 1,9-11) gehört zu den Schlüsselereignissen im
Leben des Herrn, zugleich aber zur Krönung und Vollendung seiner Auferstehung.
Da diese Tatsache das Begreifen des menschlichen Verstandes übersteigt, muss sie zu jenen Geheimnissen unseres christlichen Glaubens gezählt werden, die unabhängig von den menschlichen Vorstellungen doch
einen festen Glaubensbestandteil bilden.
Die Auffahrt Christi in den Himmel zeigt uns einerseits die Vollendung
des irdischen Weges überhaupt, andererseits die Bestimmung der menschlichen Existenz bzw. die Absicht des liebenden Willens Gottes, alle
Menschen an seinem Glück teilnehmen zu lassen.
Die Auffahrt Christi in den Himmel will uns zugleich anspornen, unser
irdisches Leben auch glorreich beenden zu wollen, also gläubig.

Da Jesus der Weg zum Vater ist, sollen wir uns bemühen, in ihm das wahre Leben zu finden und so zum Himmel zu gelangen.

Seine Frohe Botschaft und er selbst sind uns Stütze, damit wir das Ziel des irdischen Lebens erreichen und damit wir alle Probleme, die auf uns auch zukommen mögen, überwinden können.

Wir müssen uns immer wieder von der irdischen Wirklichkeit lossagen, um nicht den Blick zum Himmel zu verlieren. Wir müssen aber auch den Kontakt zum Himmel pflegen, damit durch unser Verhalten die Freundschaft mit Gott nicht einseitig bleibt und wie in manchen irdischen Verbindungen langsam erlischt, sogar stirbt.

Darüber hinaus wissen wir genau, dass wir hier keine dauerhafte Bleibe haben. Die Tage und Jahre unseres Lebens sind gezählt. Warum sind wir so stark dem Irdischen verhaftet? Weshalb unternehmen wir so viel, um dies oder jenes nicht zu verlieren, wenn wir doch im Augenblick unseres Abschieds alles zurücklassen müssen, angefangen von den Menschen bis zu jenen Dingen, an denen unser Herz hängt?

In Anbetracht des heutigen Festes müssten wir unser Dasein aus der weiten Perspektive des ewigen Lebens zu gestalten bemüht sein, d. h., dass unser Blick und unser Tun auf das Wesentliche gerichtet sein müssten, denn der Himmel beginnt schon jetzt.

»Das Himmelreich ist mitten unter euch«, sagt Christus (vgl. Mt 10.7; 12,28, Mk 1,15; Lk 11,20; 17,21).

Das Reich Gottes ist also in uns.

Der Himmel beginnt in dir, er öffnet sich in dir. Er ist nicht irgendwo zu suchen, sondern in uns. Augustinus hat diese Erfahrung in die Worte gekleidet: »Portando Deum coeli, coelum sumus« – »Indem wir den Gott des Himmels tragen, sind wir im Himmel.« Der Himmel ist schon in uns, da Christus in uns ist. Wir gehen stets dem Himmel zu. Wir sind auf dem Weg in den Himmel. Eine chassidische Geschichte antwortet auf die Frage, wo sich Gott versteckt: »Im Herzen des Menschen.« Im menschlichen Herzen wohnt Gott. Und wo Gott wohnt, da ist der Himmel.[46]

Ein Tor zum Himmel ist überall, wo Menschen einander lieben und sich nach Gott sehnen.[47]

---

[46] vgl. A. Grün, Die Osterfreude auskosten, Münsterschwarzach 2001, S. 110-114.

[47] vgl. T. Merton, Ein Tor zum Himmel ist überall, Freiburg im Breisgau 1999.

Der Himmel beginnt tatsächlich in uns, weil wir einerseits fähig sind zu lieben und die Liebe Gottes zu empfangen, andererseits können wir uns schon jetzt durch den Empfang des Leibes Christi mit Gott auf einzigartige Weise vereinen, um in der Liebe nicht zu erlahmen. Somit kann das Reich Gottes in und um uns wachsen.

Wenn wir die Liebe leben, ist ja der Himmel bereits in unserem Innersten, weil die Liebe Charakteristikum Gottes ist.

Ist es nicht wunderbar, dass wir Christen uns dieser Tatsache bewusst sein dürfen?

So versuchen wir mit der Kraft Gottes, die wir aus dem Empfang der hl. Eucharistie schöpfen, einander zu lieben.

Wir wissen aber auch, dass Gott uns liebt, allerdings müssen wir seine Liebe annehmen.

Schlimm ergeht es jedoch allen, die keinen Glauben haben. Bei ihnen kann sich die Feststellung von Henri Boulad bewahrheiten:

Wer kein Herz kennt, das ihn liebt, fern oder nah, der lebt nicht wirklich.[48]

Seien wir also glücklich, dass die Sehnsucht nach dem Himmel schon jetzt gestillt werden kann.

---

[48] H. Boulad, Gottes Söhne, Gottes Töchter, Bad Sauerbrunn 1999, S. 54.

Siebenter Sonntag der Osterzeit

Liturgischer Gruß:

*Der Herr, der uns zur Mitarbeit für die Wiedergewinnung
der Einheit ruft, sei mit euch.*

Kyrie-Rufe:

*Herr Jesus Christus,
du willst, dass auch wir dorthin gelangen, wo du bist,
    nämlich bei deinem und unserem Vater.
Du wünschst uns eine Einheit untereinander,
    die das Fundament der Festigkeit im Glauben sein soll.
Du willst, dass wir die Einheit bewahren, um in unseren
    Lebensprüfungen bestehen zu können.*

Gedanken
zum **Evangelium** nach **Joh 17,20-26**

Alle sollen eins sein

Vor seiner Gefangennahme und vor dem Verhör spricht Jesus bittende
Worte, die in sich eine echte Sorge bergen und die Gefahr des Auseinan-
derbringens erkennen lassen. Das Gebet um die Einheit ist nach dem
»*Vater unser*« das tiefste und ergreifendste Gebet zugleich. Dazu ist es ein
Abschiedsgebet. Es ist an den Vater gerichtet, ist aber für die Jünger und
für die gesamte Welt bestimmt. Triftige Gründe – und kein Zufall – haben
Jesus dazu bewogen, dass er den Vater so eindringlich um die Bewahrung
der Einheit bittet.
Die Einheit ist ein Gut, das man erarbeiten, festigen und bewahren muss.

Jesus hat gewusst, dass das Schicksal jedes Einzelnen und das Schicksal
der Völker und der zukünftigen Generationen von der Einheit abhängt.
Nach dem Gebot der Liebe ist die Einheit, um die Christus betet, einer der
Grundpfeiler der menschlichen Existenz überhaupt.

Wo Einheit herrscht, sind auch Friede, Ausgeglichenheit, Toleranz und Akzeptanz zu finden. Was gibt es Schlimmeres als ein Leben in Unfrieden und in der Zerrissenheit!

Wenn Jesus von der Einheit spricht, geht es ihm nicht bloß um das Meiden von Meinungsverschiedenheiten, sondern prinzipiell um die gottgewollte seelische Einheit und um die Übereinstimmung der Entscheidungen unseres Herzens mit der inneren Stimme.

Wer begreift, was Christus vom Vater erbittet und uns anbietet, versucht, danach zu leben, weil jedes Gelingen, jedes Streben und jeder Erfolg in der ungeteilten Motivation und im inneren Einklang gründet. Alle Spannungen und Spaltungen wurzeln in der seelischen Uneinheit. Darum ist es so wichtig, dass die Menschen sich tatsächlich bemühen, die Einheit und die innere ausgeglichene Ruhe, die man selbst erreichen kann, die aber auch von Christus kommt, bewusst zu suchen, sie anzunehmen und zu pflegen, damit die Einheit derer, die an den dreifaltigen Gott glauben, verwirklicht werden könne.

Die innere Eintracht mit Gott bildet auch das Fundament für das gute Zusammenleben. Erst in Einheit kann die Liebe entstehen und gedeihen. Durch die Einheit wird die Familie, die Urzelle der Gesellschaft, gebildet und gefestigt. Wenn man in der Familie die Konflikte, die Zwietracht oder Spaltung nur zu beseitigen versucht und sich nicht um bewusste Einheit bemüht, auch darum betet, werden vielerlei Unternehmungen zur Beseitigung der Missstände erfolglos bleiben. Die Einheit einer Familie ist nicht nur bewundernswert, sie spiegelt im gewissen Sinn die Einheit der Dreifaltigkeit wider.

Die Einheit ist nicht nur eine Gnade, sie ist eine Gabe, ein Talent, das man richtig entfalten muss.

Anlässlich der Aussage Christi will ich gar nicht die Einheit zwischen den Völkern und Nationen berühren. Sie ist ein zartes Gut, mit dem die Menschen erst umgehen lernen müssen. Scheuen wir uns nicht, Pazifisten zu sein, richtige Friedensstifter um Jesu willen. Er, der immer schon den Seinen Frieden und Ruhe gewünscht und gegeben hat, wird auch uns nicht im Stich lassen.

Pfingstsonntag

Liturgischer Gruß:

Der Herr, der bei uns bleibt, um uns zu stärken und stets zu begleiten, sei mit euch.

Kyrie-Rufe:

Herr Jesus Christus,
du willst uns mit Gott und untereinander versöhnen.
Du willst uns zu einem Werkzeug der Liebe,
    die jeder versteht, machen.
Du willst, dass alle Menschen eine große Gottesfamilie bilden,
    die schon jetzt zufrieden und glücklich leben kann.

Gedanken
zum **Evangelium** nach **Joh 20,19-23**

Empfangt den Heiligen Geist

Pfingsten – es sind bereits 50 Tage seit Ostern, dem wichtigsten Fest der Christen, vergangen. Die Vollendung der Botschaft vom leeren Grab und von der Macht Gottes, die alle menschliche Vorstellung übersteigt, weil sie das vollkommene Leben in sich hat, erleben wir am heutigen Pfingstfest durch die Sendung des Heiligen Geistes.

Was die Welt und die Menschheit seit dem damaligen Ereignis in Jerusalem erlebt und erreicht hat, können wir nur teilweise begreifen. Umfangreich und bedeutungsvoll hat die Kirche durch Jahrhunderte hindurch gewirkt und den Menschen jene Werte vermittelt, die von Christus ausgegangen und den Jüngern zur Weitergabe bzw. zur Verkündigung übertragen worden sind, dass wir bei Betrachtung der Wirkung des Geistes, die auf dem ganzen Erdkreis zu erkennen ist, nur staunen können.

Wenn sich also der Mensch auf Gottes Angebot einlässt und das zu verwirklichen sucht, was der Vorsehung und dem liebenden Willen Gottes entspricht, dann wird er bald merken, sogar sinnlich wahrnehmen, wie sich das Angesicht der Erde stets erneuert und wie Friede, Liebe, Verständnis und Eintracht unter den Menschen und unter den Völkern ihre Realisierung finden, obwohl noch unvollkommen. Wir wissen, dass es auch heutzutage noch Länder gibt, die trotz der Zugehörigkeit zum christlichen Glauben Kriege führen und Zerstörung anrichten.

Es ist jedoch die Sache Gottes, dass die Menschen endlich zu begreifen suchen, wozu die Menschheit berufen und zu welchem Ziel sie unterwegs ist.

Gott will alle Barrieren und Trennwände zwischen den Menschen und Nationen abbauen, damit sein Reich, das mit Jesus begonnen hat, sich wirklich überall ausbreiten könne, damit die Menschen endlich in ersehntem Frieden und in Eintracht imstande sind, ihre Lebenswege zu gestalten.

Gott ist der Erste, der stets die Initiative ergreift und weit über die menschlichen Vorhaben und lang erarbeiteten Verträge hinaus, über alle Grenzen hinweg die Menschheit zu einem Ziel führen will, nach dem sich viele Menschenherzen sehnen, nämlich nach einem Leben in Frieden, in Sicherheit und in Wohlergehen.

Haben wir also nicht Grund genug, Gott für sein Walten zu danken?

Müssten wir nicht vor allem für das Geschenk der hl. Taufe und für die anderen Sakramente, für den Schatz des christlichen Glaubens überhaupt und für Gottes Begleitung auf all unseren Wegen aus der Tiefe des Herzens danken?

Die Vergeistigung unseres Alltags, die Bewältigung der Probleme und Sorgen, das Empfinden der inneren Freude und des wahren Glücks, die aus unserer Zugehörigkeit zu Christus und aus dem Glauben entstehen, gehören zu jenen Werten, die uns vor allem an solchen Festen, wie es das heutige ist, bewusst machen, woran wir schon jetzt Anteil haben.

Geben wir dem Wirken Gottes noch mehr Raum auch in unserer kleinen Welt, in unserem engsten Umkreis. Tatsächlich vertun wir selber oft unser Glück. Seien wir vielen Gegebenheiten des Alltags gegenüber offener, damit Gott sein Vorhaben in und um uns verwirklichen kann, nämlich uns und die anderen glücklich zu machen.

Pfingstmontag

Liturgischer Gruß:

Der Herr, die Quelle aller Wahrheit, sei mit euch.

Kyrie-Rufe:

Herr Jesus Christus,
durch den Heiligen Geist willst du uns Klarheit
*   im Denken verleihen.*
Mit dem Beistand des Heiligen Geistes werden wir die
*   richtigen Entscheidungen treffen.*
Der Heilige Geist gibt uns Mut und Kraft zur Ausdauer im Guten.

Gedanken
zum **Evangelium** nach **Joh 3,16-21**

Wer an ihn glaubt, wird nicht gerichtet

Der Pfingstmontag gibt uns die Gelegenheit, die Freude des gestrigen Hochfestes in unseren Herzen weiterwirken zu lassen. Im Grunde genommen ist Pfingsten nicht nur an einem Tag. Die Erneuerung durch den Geist Gottes geschieht eigentlich jeden Tag in den Herzen der Gläubigen.

Wir sind Gott dankbar für seinen ständigen Beistand. Wir wollen ihm auch danken für alle Gaben, die wir durch seinen Hl. Geist empfangen können, vor allem für den Frieden, der uns nicht nur aufgrund unseres Bemühens, sondern aus seiner Gnade innerlich erhalten bleibt, obwohl von den anderen immer wieder Unfriede und Spaltung angestiftet werden. Wir wollen Gott vor allem für die Liebe danken, die in der jetzigen Zeit tatsächlich fast zu einer Mangelware geworden ist, in unserem Innersten aber trotz allen Hasses und Zankes nie verloren gehen muss, weil wir die Gottverbundenheit täglich pflegen oder erneuern dürfen.

Deshalb beten wir auch weiter unermüdlich: »Komm, Heiliger Geist, erfülle die Herzen deiner Gläubigen und entzünde in ihnen das Feuer deiner Liebe!«

Wir beobachten die Geister, die die Menschheit und uns selbst hier und heute bedrängen.

Wie wichtig wäre es, diese Geister unterscheiden zu lernen. Dies wird uns nur mit Gottes Kraft gelingen.

Wie wichtig und wünschenswert wäre es, zu erkennen, dass Gott unser Dasein, unser Leben überhaupt, in jedem Augenblick erhält und uns jederzeit beistehen will.

Wie wichtig und empfehlenswert wäre es, in Gottes Heiligem Geist die Quelle unseres Lebens zu entdecken. *Aus dieser Quelle können wir schöpfen, ohne sie je gänzlich auszuschöpfen, weil sie göttlich ist. Viele fühlen sich heute vertrocknet, verausgabt, ausgebrannt, weil sie ständig geben müssen.*[49] Viele erwarten zugleich eine Hilfe von anderen. Diese können ihnen auch nichts anbieten, weil es ihnen genauso schlecht oder noch schlechter geht.

Wir leben in einer Leistungsgesellschaft nicht nur am Arbeitsplatz oder im Beruf, sondern sogar in der Familie und in der Freizeit.

Was in Familien durch manche geleistet wird, übersteigt jegliche Vorstellungskraft. Was in den Familien an Opferbereitschaft zu beobachten ist, versetzt viele ins Staunen. Solch ein Leben macht aber oft kaputt und stößt an die Grenze der Verträglichkeit.

Deshalb ist es so wichtig, um die Stärkung durch den Hl. Geist nicht erst dann zu bitten, wenn man nicht mehr weiß, wie es weitergehen soll.

Bitten wir genauso um das Licht des Hl. Geistes, dass unsere Sinne nicht stumpf und trüb werden, damit wir spüren und erkennen, was mit uns selber und um uns herum los ist. Auch wenn alle Lichter dieser Welt verlöschen und wir wie in einer Sackgasse im Dunkeln umherirren, bleibt immer noch die Möglichkeit, unser Haupt zu erheben.

Ist es nicht wunderbar, zu wissen, welch unausgeschöpfte Gaben wir in Anspruch nehmen dürfen, ohne dafür zahlen zu müssen! Gott will uns reichlich beschenken, aber nur dann, wenn wir ihn darum bitten und ihm gegenüber offen bleiben. Durch die verschlossene Tür des Herzens wird auch Gott nicht eindringen.

Darum lasst uns beten, dass es in unserem Leben immerdar Pfingsten sei.

———

[49] vgl. A. Grün, Die Osterfreude auskosten, op. cit., S. 127.

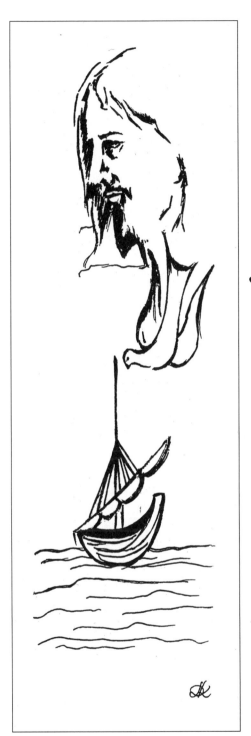

DIE ZEIT
IM
JAHRESKREIS

Dreifaltigkeitssonntag

Liturgischer Gruß:

Der Herr, der uns zu einer Gemeinschaft,
die sich um grenzenlose Liebe bemühen sollte,
zusammenführen will, sei mit euch.

Kyrie-Rufe:

Herr Jesus Christus,
dein Vorbild lehrt uns, wie wir Gott als unseren liebenden
Vater erfahren können.
Durch dich ist uns das Geheimnis des dreieinigen Gottes
erläutert worden.
Du lehrst uns den Wert der Einigkeit, Wahrheit
und Heiligkeit zu schätzen.

Gedanken
zum **Evangelium** nach **Joh 16,12-15**

Noch vieles habe ich euch zu sagen

Das Geheimnis des dreifaltigen Gottes scheint nur im ersten Augenblick ausschließlich Stoff zum Nachdenken für Philosophen zu sein.

Im Grunde genommen stimmt das nicht, denn auch die größten Denker und Gelehrten werden Gott rationalistisch nie völlig begreifen, höchstens, wenn es ihnen gelänge, ihr Begreifen auf das Erfassen mit dem Herzen zu lenken.

Der hl. Thomas von Aquin sagte einmal aufgrund der Schriften des hl. Gregor von Nazians: *»die quidditas est ipsum esse; unde est supra intellectum«*, das heißt: *»Gott auszudrücken ist unmöglich, ihn zu begreifen ist noch unmöglicher.«*

Wir können uns denken, dass wir eigentlich vor einem unüberwindbaren Problem stehen, jedoch nur scheinbar, weil allen, die an Christus glauben, eine wunderbare Möglichkeit verliehen ist, wie Papst Johannes Paul II. sagt: *In der Frage um Gott geht es letztendlich um die von Pascal vorgenommene Unterscheidung zwischen dem Absoluten, das heißt dem Gott der Philosophen, und dem Gott Jesu Christi: ... Nur der zweite ist der lebendige Gott. Der erste ist die Frucht menschlichen Denkens, menschlicher Spekulation.*[50]

Deshalb soll das Geheimnis des dreifaltigen Gottes für uns Christen überhaupt kein Problem darstellen.

Das Geheimnis des dreieinigen Gottes gehört nicht nur zu unseren Glaubenswahrheiten, es gehört zur Wahrheit über das Wesen Gottes. Versuchen wir also auf eine uns mögliche Art und Weise, uns den unbegreiflichen und unvorstellbaren Gott anschaulicher und zugänglicher zu machen.

In Wirklichkeit ist der dreifaltige Gott, die Trinität, nicht nur der Grundstein des Christentums, sondern auch die praktische, konkrete und existentielle Basis des christlichen Lebens.[51] Das heißt: Je mehr, tiefer und näher wir Gott erleben, sei es in unseren Gebeten, im Verständnis seiner Gegenwart mitten unter uns oder im Geheimnis der hl. Eucharistie, desto weniger, weil natürlich unserem Verstand unzugänglich, werden wir Gottes Person, sein Dasein und sein Walten zu begreifen versuchen.

Was bringt manchen eine Überlegung über einen fernen Gott?

Nicht viel, weil eben dieser allmächtige, zugleich dreifaltige Gott uns Menschen so nahe sein will, wie es nur unserer Gotteserfahrung möglich ist. Gott verlangt zugleich nach einer innigsten Vereinigung, die uns Menschen auch gegeben worden ist. Wenn wir Gott zum Inhalt unseres gesamten Lebens machen, wird es uns erst richtig gelingen, ihn als ungeteilten Bestandteil unseres Daseins, darüber hinaus als Ziel unserer Existenz und als Sehnsucht unseres ganzen Lebens anzusehen, anzunehmen und zu bekennen.

Der große Theologe K. Rahner hat Gott als *»Gott seines Lebens«* bezeichnet. Kann dieser Feststellung noch etwas fehlen? *Gott meines*

---

[50] vgl. Johannes Paul II., Die Schwelle der Hoffnung überschreiten, Hamburg 1994, S. 56.

[51] vgl. R. Panikkar, Trinität, Über das Zentrum menschlicher Erfahrung, München 1993, S. 70.

Lebens!, schreibt er. *Aber was sage ich denn, wenn ich dich meinen Gott, den Gott meines Lebens nenne? Sinn meines Lebens? Ziel meiner Wege? Weihe meiner Taten? Gericht meiner Sünden? Die Bitterkeit meiner bitteren Stunden und mein geheimstes Glück? Kraft, die meine Kraft mit Ohnmacht schlägt? Schöpfer, Erhalter, Begnadiger, Naher und Ferner? Unbegreiflicher? Gott meiner Brüder? Gott meiner Väter? Gibt es Namen, die ich dir nicht geben müßte? Aber was habe ich gesagt, wenn ich dir alle gegeben? Wenn ich, stehend am Rande deiner Unendlichkeit, hineingerufen hätte in die weglosen Fernen deines Seins alle die Worte zumal, die ich aufgelesen habe in der ärmlichen Enge meiner Endlichkeit? Nie hätte ich dich ausgesagt.*[52]

Aber gerade in unserer christlichen Überlieferung hat Gott einen konkreten Namen: »Der Vater unseres Herrn Jesus Christus«. Ihn hat Jesus Vater und Gott genannt und lehrte uns, dass auch wir ihn Vater und Gott nennen sollen. Dennoch sind weder der Name »Vater« noch »Gott« dem Absoluten d. h. dem Vollkommenen angemessen; es sind einfach Namen, mit denen wir das Vollkommene bezeichnen. Er ist unser Vater und unser Gott, das heißt der Vater und der Gott für uns.[53]

Wer ist also der Gott unseres Herrn, der Unbegreifliche und Allmächtige? Er ist unser allerliebster Vater. Könnte uns jemand näherstehen als der liebende Vater? Brauchen wir noch etwas, um glücklich zu sein, als einzig und allein diese Tatsache frohen Herzens anzunehmen?

Wenn wir schon Menschen, die uns nahestehen, die uns auch lieben, mit denen wir täglich verkehren, nicht begreifen, nicht durchschauen und nicht immer verstehen können, wie könnten wir Gott in seiner Vollkommenheit konkret in seiner Trinität begreifen?

Die einfachste Weise, Gott zu begreifen, ihn zu lieben und ihn zu verstehen, bleibt uns also in der Anerkennung all dessen, was Christus geoffenbart hat.

Indem Gott in seinem Sohn Mensch geworden ist, *hat die Selbstoffenbarung Gottes in der Geschichte des Menschen ihren Zenit erreicht: die Offenbarung des unsichtbaren Gottes in der sichtbaren Menschlichkeit Christi. Noch am Tag vor Beginn seines Leidens baten die Apostel*

---

[52] vgl. K. Rahner, Gebete meines Lebens, Freiburg im Breisgau 1984, S. 20.
[53] vgl. R. Panikkar, Trinität, ..., op. cit., S. 72.

Christus: »Zeig uns den Vater« (Joh 14,8). Seine Antwort bleibt eine Schlüsselantwort: »Wie könnt ihr sagen: Zeig uns den Vater? Glaubt ihr denn nicht, dass ich im Vater bin und dass der Vater in mir ist? Wenn nicht, glaubt wenigstens aufgrund der Werke... Ich und der Vater sind eins« (Joh 14,9-11; 10,30).

Die Worte Christi gehen sehr weit. Wir haben es fast mit jener unmittelbaren Erfahrung zu tun, die der heutige Mensch anstrebt. Doch diese Unmittelbarkeit ist nicht die Erkenntnis Gottes »von Angesicht zu Angesicht« (1Kor 13,12), die Erkenntnis Gottes als Gott.[54]

Was wir also in und durch Jesus Christus erfahren und erleben dürfen, was uns aktuell in den Gaben des Hl. Geistes zuteil wird, zählt zu unserer Erfahrung des wahren Gottes und verleiht uns die wahrhaftige Erkenntnis dessen, der zum absoluten Bezugspunkt unserer Existenz gehört.

---

[54] vgl. Johannes Paul II, Die Schwelle ..., op. cit., S. 68.

Fronleichnam

Liturgischer Gruß:

*Der Herr, der uns durch seine Gegenwart im Geheimnis
der Eucharistie bereichern will, sei mit euch.*

Kyrie-Rufe:

*Herr Jesus Christus,
gegenwärtig im Sein und Tun unseres Lebens.
Du göttliche Speise, die uns Kraft zur Bewältigung
    der Lebensprobleme verleiht.
Du geheimnisvolle Gestalt der göttlichen Gegenwart
    mitten unter uns, die wir zu begreifen versuchen.*

Gedanken
zum **Evangelium** nach **Lk 9,11b-17**

Dann gab er sie den Jüngern

Heute feiern wir das Geheimnis aller Geheimnisse.

Gott selbst wählt die einfachste Form seiner Gegenwart mitten unter uns aus. Er will für alle erreichbar und allen zugänglich sein, indem er alle Grenzen der Entfernung, der Volkszugehörigkeit, des Standes und des Ansehens außer Acht lässt.

Die Eucharistie kann gewissermaßen allen zugänglich sein, auch denen, die in Ausnahmesituationen leben, sei es in unerreichbaren Missionsgebieten oder in den Ländern, wo Christen verfolgt werden.

Gott will sich allen greifbar anbieten, die sich nach der Vereinigung mit ihm sehnen.

Er will zugleich nicht in einem Gegenüber vor den Menschen erscheinen, sondern jedem die Möglichkeit des Empfangs seines Leibes und Blutes zuteil werden lassen.

Dies ist jene Vereinigung, die weder zwischen den Menschen noch zwischen der Person und einer Sache zustande kommen könnte.

Die Eucharistie schafft ein Ich-Du-Verhältnis mit Gott. Dieses bietet uns die einmalige Chance der wahren Vergöttlichung unserer sündhaften, stets einer Erneuerung bedürftigen Natur an.

Wenn wir also sagen, dass wir in jeder Eucharistie die Lebensgemeinschaft mit Jesus Christus feiern, meinen wir tatsächlich die Untrennbarkeit unseres Lebensweges von ihm, der in und durch uns wirken will.

Die göttliche Gegenwart in Gestalt von Brot und Wein, die während der Eucharistie zum Leib und Blut des Herrn verwandelt wird, will unser Leben bestimmen und gestalten.

Sie will uns anspornen, dass wir am Geheimnis der göttlichen Gegenwart Anteil haben, um dadurch auch die Welt immer mehr das göttliche Antlitz entdecken zu lassen.

Die Eucharistie ist in ihrem Verständnis so umfangreich wie die Menschheitsgeschichte überhaupt, denn sie umgreift die Vergangenheit, die Gegenwart und die Zukunft der gesamten Geschichte.

Gott ist da, er bleibt in seinem Wirken stets gegenwärtig und er wird immer sein Werk vollbringen.

Die reale Präsenz Christi, also die wirkliche Anwesenheit Jesu in der eucharistischen Gestalt, die man in vielen christlichen Ländern heute bei der Fronleichnamsprozession durch die Straßen trägt, um seine Gegenwart in allen menschlichen Lebensbereichen zu verdeutlichen, preist das Werk der Vorsehung Gottes und der göttlichen Absicht. So wird alles Tun des Menschen und sein gesamtes Leben vergöttlicht.

Der Mensch ohne Gott hat es in außergewöhnlich schwierigen Situationen nicht leicht, mit Gott findet er nicht nur seine volle Realisierung, sondern er wird ans Ziel seiner Existenz gelangen.

Wenn wir dank des heutigen Festes aufs Neue entdecken, worum es Gott eigentlich geht, werden wir im täglichen Leben besser begreifen, worin unsere Lebenskraft und unser Lebensglück wurzeln.

Zweiter Sonntag

Liturgischer Gruß:

Der Herr, der seine Kraft und Macht im ersten Wunder
zu Kana bestätigt, sei mit euch.

Kyrie-Rufe:

Herr Jesus Christus,
du bezeugst die lebendige Gegenwart Gottes in jedem
  Geschehen.
Du hast an der Freude der Menschen teilgenommen.
Du willst sogar unsere Trauer in Freude verwandeln.

Gedanken
zum **Evangelium** nach **Joh 2,1-11**

Sie haben keinen Wein mehr

Ein chinesisches Sprichwort sagt: *»Das Planen ist des Menschen Sendung. In Himmels Hand liegt die Vollendung.«*[55]
Passen nicht gerade diese Worte zur geschilderten Situation, die während der Hochzeit in Kana auftritt?
Der Gastgeber hat mit beiden Familien, gemeint sind die Familie der Braut und die des Bräutigams, sicherlich für das Fest alle Vorbereitungen gut und sorgfältig getroffen. Höchstwahrscheinlich haben die Zahl der Gäste und die unvorhergesehene Konsumation zu einem Engpass, sogar zur Ausschöpfung der Vorräte geführt. Die Tragik ist für die Betroffenen groß, und die mit den Mängeln verbundene Konsequenz der üblen Nachrede würde diese Leute bis an das Ende ihres Lebens belastet haben.
Maria, die nicht nur mitfeiert, sondern wachen Auges alles merkt, tritt auf Jesus mit dieser Feststellung zu: *»Sie haben keinen Wein mehr!«* Es ist

---

[55] G. Debon (Hg.), Chinesische Weisheit, Augsburg 2000, S. 216.

schwer zu ergründen, ob Maria nach einer Besprechung mit den Gast-
gebern oder von sich aus das Eingreifen in die ausweglose Situation in die
Wege leitet. Sie will auf jeden Fall helfen und wendet sich an ihren Sohn,
von dem sie weiß, dass er diese Menschen nicht im Stich lässt.
Jesus erlaubt tatsächlich nicht, dass die Gastgeber sich blamieren. Er stellt
an seine Mutter eine Frage, die oft die Eltern ihren Kinder stellen, obwohl
sie genau wissen, was das Kind will: »*Was willst du von mir?*« Diese
Frage, die für uns vielleicht provozierend oder befremdend klingt, muss
unter einem anderen Aspekt betrachtet werden, nämlich als Herausforderung, die von der Muttergottes ausgeht, damit die Menschen die Güte und
die Freude, die Jesus allen schenken will, in aller Deutlichkeit erkennen.
Die Bestätigung der Frohen Botschaft, die ihr Sohn verkünden wird, will
Maria durch eine strikte Aufforderung, auf ihren Sohn zu hören, ver-
anlassen.

Aus dieser Begebenheit sehen wir, dass Jesus sich mit den Menschen
freuen will. Durch das Wunder in Kana befürwortet er nicht nur die
Freude der Menschen, er beteiligt sich daran. Er will diese Freude ver-
mehren. Er will allen helfen, damit sie Freude am Leben haben. Er will
nicht, dass jemand traurig umhergeht und Sorgen ihn quälen. Jesus will
die Traurigkeit in Freude, die Probleme in Zuversicht und den Kummer in
Hoffnung verwandeln.

Darüber hinaus will Christus uns selbst verwandeln, damit wir erkennen
und uns wirklich bewusst werden, wie gut es uns mit Jesus gehen kann.

Wie oft wartet Jesus aber vergeblich auf unseren ersten Schritt, der durch
die Bitte »*Hilf mir!*« deutlich wird.

Wenn wir aber diese Bitte aussprechen, muss das Vertrauen vorhanden
sein, dass wir erhört werden, weil wir uns sonst nicht an den Herrn zu
wenden brauchten.

Der Herrn will, dass wir seine Güte in all unseren Lebenssituationen in
Anspruch nehmen, in den großen gravierenden und in den kleinen,
scheinbar unbedeutenden. Christus ist jederzeit mit uns. Er verlangt aber
die Wahrnehmung dieser Tatsache.

Wir sollen zugleich dankbar sein, dass die Kirche gerade dieses Evangeli-
um über Freude und Frohsinn am ersten freien Sonntag des neuen Jahres,
eben am 2. Sonntag im Jahreskreis, nimmt, als wollte sie dafür sorgen,
dass nicht bloß von der Verpflichtung, Gebote zu befolgen und vom Verbot

zu sündigen, gepredigt werde, sondern ja auch vom frohmachenden Evan-
gelium, das Freude und Fröhlichkeit vermittelt.[56)]

Dort, wo der Mensch die Vorsorge für Freude trifft, da beteiligt sich der
Himmel. Heute können wir erneut erkennen, dass Gott uns glücklich
machen will.

Das ist auch dem bekannten russischen Schriftsteller Fjodor Dostojewskij
stark klar geworden. In seinem berühmten Roman »Die Brüder Kara-
masow« (1879/80) widmet er der Hochzeit zu Kana in Galiläa einen
ganzen Abschnitt. Darin schreibt er:

»Ich liebe diese Stelle sehr. Die Hochzeit zu Kana, das erste Wunder…
Nicht das Leid, nein, die Freude der Menschen suchte Jesus auf, als er
sein erstes Wunder vollbrachte, zur Freude verhalf er ihnen. Wer die
Menschen liebt, der liebt auch ihre Freude… Ohne Freude kann man
nicht leben.«[57)]

[56)] vgl. B. Willenbrink, Gottes Wort im Kirchenjahr, Band I, Würzburg 1940, S. 94-95.
[57)] R. Stertenbrink (Hg.), Lichtsekunden, op. cit., S. 58.

Dritter Sonntag

Liturgischer Gruß:

*Der Herr, in dem die Weissagungen des Alten Bundes
ihre Erfüllung gefunden haben, sei mit euch.*

Kyrie-Rufe:

*Herr Jesus Christus,
du hast gezeigt, wie groß dein Interesse an uns Menschen ist.
Du willst, dass auch wir Zeugnis für dich ablegen.
Du willst durch uns in der Welt wirken.*

Gedanken
zum **Evangelium** nach **Lk 1,1-4;4,14-21**

Die Augen aller in der Synagoge waren auf ihn gerichtet

Denken wir nicht manchmal an jene Zeiten, in denen wir als Kinder oder
sogar schon als Erwachsene etwas vorgeführt haben, und andere, vor
allem aber unsere Eltern, über uns gestaunt haben?

Kann für einen Menschen ein schönerer Augenblick entstehen als ein
solcher, in dem sich alle über ihn freuen und auf ihn stolz sind?

Die Freude aus der Anerkennung gehört zum Leben des Menschen. Die
Freude, die aus einem Erfolg fließt, bei dem die wahren Begabungen zum
Vorschein kommen, kräftigt nicht nur das Gefühl des Selbstbewusstseins,
sondern verleiht dem Betroffenen eine richtige Aufwertung und verlockt
zu neuen Motivationen.

Das heutige Evangelium beschreibt eine Situation beim Gottesdienst in
Nazaret. Jesus geht wie gewohnt am Sabbat in die Synagoge. Er schlägt
das Buch des Propheten Jesaja auf. Die Sätze, die er vorliest, beziehen
sich auf ihn selbst, den Jesaja den »Gesalbten« nennt. Die Salbung kenn-
zeichnet denjenigen, dem eine besondere Sendung aufgetragen wird. Zu
den Gesalbten gehören in erster Linie die Könige, danach die Hohen-
priester (vgl. Lev 8,12) und die Propheten (vgl. Jes 61,1). Diese Gruppen
zählen zugleich zu den Auserwählten Gottes.

In der Synagoge in Nazaret gewinnen die prophetischen Worte Jesajas noch eine besondere Bedeutung. Das auserwählte Volk, aus dem der Messias hervorgehen soll, setzt in den »Gesalbten des Herrn« große Erwartungen, nämlich das Eintreten einer endgültigen Gerechtigkeit und eines endgültigen Friedens.

Christus spricht von der Erfüllung dieser Erwartungen, nämlich in ihm und durch ihn. Die Menge zeigt sich am Anfang begeistert, und seine Rede findet bei allen Beifall. Sobald Jesus aber ihren Unglauben antastet, geraten sie in Wut. Das Evangelium vom kommenden Sonntag bringt uns die Fortsetzung des heutigen Textes, die bis zur Ablehnung, ja bis zur Absicht, Jesus umbringen zu wollen, reicht.

Wir sehen also, wie launisch, sogar böswillig die Menschen sein können. Jesus wird abgelehnt, weil er zu Wahrheit und Geradlinigkeit steht und dafür eintritt.

Das, was Christus damals erlebt hat, erfahren auch wir vielfach am eigenen Leib und wir wissen, wie schnell die Menschen ihre Meinung und ihre Einstellung ändern können.

Wie oft haben wir andere begeistert und in Staunen versetzt! Wie oft haben wir uns bemüht, den anderen mit einem wertvollen Rat oder mit einem guten Wort beizustehen, sie durch unser Entgegenkommen aufzurichten, ihnen selbstlos zu helfen in der Überzeugung, wichtige Dienste der Nächstenliebe zu leisten!

Irgendwann kommen wir doch darauf, dass kaum jemand uns dafür dankbar ist. Einige Leute wenden sich sogar von uns ab. Das Gute wird schnell vergessen. Das Böse kann jedoch manchmal jahrelang in uns haften.

Wäre es nicht anlässlich der Vorkommnisse damals in Nazaret empfehlenswert, dass wir selbst mehr darauf achten, wie wir zu den anderen Menschen stehen?

Verurteilen wir sie nicht zu schnell?

Verhalten wir uns ihnen gegenüber aufgrund von negativen Kleinigkeiten nicht sofort ablehnend?

Wir müssen immer wieder erkennen, dass unser Alltag zu wenig vom christlichen Geist geprägt wird, obwohl unsere christliche Berufung unter anderem darin besteht, dass wir uns und den anderen das Leben erleichtern sollten.

Meiden wir bewusst Konflikte, die jemandem auch nur einen einzigen Tag zur Hölle machen könnten!

Erlauben wir auch nicht, dass jemand uns das Leben stets erschwert! Gehen wir manchmal einer Konfliktsituation aus dem Weg!

In der jetzigen Zeit, die oft so widersprüchlich ist, obliegt uns die Aufgabe, die Gesalbten an Christi statt zu sein, die danach zu leben versuchen, wie Christus es vorgelebt hat.

Freuen wir uns mit den Fröhlichen!

Lachen wir einen Zufriedenen nie aus! Wir wissen ja nicht, ob jemand auch unsere Freude verstehen kann.

Seien wir einem, der Erfolg hat, nicht neidisch!

Denken wir glückliche und zufriedene Gedanken, so werden wir zufriedener und glücklicher, und das Glück anderer Menschen wird uns nie stören! Seien wir nicht zu ängstlich, damit die innere Angst in uns nicht Oberhand gewinnt! Machen wir den anderen keine Angst, sondern ermutigen wir sie! Denken wir nicht an ein Versagen, sonst erreichen wir das gewünschte Ziel nicht! Helfen wir den Verzagten nach Kräften und Möglichkeiten, damit sie das innere Gleichgewicht und Freude am Leben wiedergewinnen!

Schauen wir, was in der Welt vor sich geht und wie Menschen einander das Leben erschweren. Vergessen wir nicht, dass der letzte Satz aus dem heutigen Evangelium im Leben weiterwirken soll: Heute muss sich das Schriftwort erfüllen, die befreiende Botschaft, die durch uns in und mit Christus allen Menschen zuteil werden könnte.

Vierter Sonntag

Liturgischer Gruß:

Der Herr, den viele ablehnen oder nicht anerkennen,
sei mit euch.

Kyrie-Rufe:

Herr Jesus Christus,
du weißt, dass wir Menschen mit Fehlern und Schwächen
behaftet sind.
An deinem Beispiel erfahren wir, dass Ablehnung und
Unverständnis zum Los eines jeden Christen gehören.
Du forderst von unserem Glauben eine klare Entscheidung
für die Sache Gottes.

Gedanken
zum **Evangelium** nach **Lk 4,21-30**

Heute hat sich das Schriftwort, das ihr eben gehört habt, erfüllt

Dieses Evangelium ist die Fortsetzung des Textes vom vorigen Sonntag, und so erleben wir Jesus noch einmal als Lehrer in der Synagoge. Die heutige Stelle bezeugt eindeutig, dass die prachtvollsten Augenblicke, nämlich die mit Lob und Bewunderung erfüllten Auftritte, die zu gewissen Höhepunkten führen, ganz tragisch enden können. Dies beobachten wir im Leben großer Persönlichkeiten, vielleicht sogar in unserem eigenen Leben.

Von einem solchen Fall, der aber das Leben Jesu betrifft, erfahren wir auch im heutigen Evangelium. Zu einer dramatischen Auseinandersetzung kann es besonders dann kommen, wenn Bosheit und Unnachgiebigkeit, durch Emotionen aufgeschaukelt, zu stark die Vernunft beeinflussen. Deshalb ist es verständlich, warum die Leute in der Synagoge zu einer so lieblosen Reaktion fähig gewesen sind. Sie haben zuerst Jesus bewundert und seine Klugheit gelobt, dann aber sind sie in Zorn geraten, weil ihr wahres Gefühl durch falsche Vorurteile total unterdrückt worden ist; mehr noch, die Besucher des Gottesdienstes haben die Besonderheit der Persönlichkeit Jesu nicht erkannt. Deshalb folgt die bittere und zugleich harte Aussage des Herrn, dass kein Prophet in seiner Heimat anerkannt wird.

Diese Tatsache ist sicherlich für Christus sehr schmerzhaft gewesen.

»Kein Prophet wird in seiner Heimat anerkannt« ist ein uns allen bekannter Satz, der sich auch in manchen Situationen unseres Lebens wohl bestätigt, besonders dann, wenn uns trotz unseres Einsatzes, trotz einer guten Vorbereitung und trotz sorgfältiger Bemühungen eine Unterstellung, Unterschätzung und Missbilligung entgegengebracht wird. Es schmerzt ein wenig, dass die tägliche *»graue«* Arbeit, wie Kochen, Waschen, Putzen oder Bügeln, oft unbemerkt bleibt und fast immer als eine Selbstverständlichkkeit angenommen wird.

Viele vergessen, dass echte Dankbarkeit sich nicht in großen Geschenken und schönen Dankesworten manifestiert, sondern oft schon in einem herzlichen, spontanen, ungezwungenen kleinen Lächeln oder in einem innigen Händedruck.

Eine der größten Gefahren unserer Gesellschaft ist, dass viele Menschen ziemlich oft nur bei der Oberflächlichkeit stehen bleiben, sogar ihre Meinung und Vorurteile darauf stützen. Der Schein kann zu fatalen Irrtümern führen. Dieser Tatsache sind auch die Anwesenden in der Synagoge in Narazet unterlegen. Das bezeugt ihre Anfrage: *»Ist das nicht der Sohn Josefs?«* In dieser unangenehmen Situation können wir eine wunderbare Handlungsweise bzw. eine gezielte Haltung Jesu beobachten. Er ist sehr mutig. Der Mut ist die stärkste Charaktereigenschaft der Persönlichkeit Christi. Er rechnet mit dem Schlimmsten, nimmt sich aber kein Blatt vor den Mund, wenn es um die Sache Gottes und um die Wahrheit geht. Seine Auftritte sind nicht im Geringsten durch irgendeine Furcht vor den Menschen geprägt.

Diese Haltung Jesu und das beschriebene Ereignis eröffnen uns die gute Gelegenheit, dass wir aus all dem für uns einen Nutzen ziehen. Das heißt, wir sollen den Mut, eine der schönsten Tugenden der menschlichen Handlungs- und Haltungsweisen, in uns beleben und uns neu zu eigen machen. Wir sollen darüber hinaus eine Tapferkeit gewinnen, die sich durch starke Bereitschaft des Willens darstellt, mit einem guten Streben vereinigt und gegenüber Schwierigkeiten durchsetzt.

Dies wäre eine konkrete Herausforderung, die aus dem Evangelium erwächst. Wir können aufs Neue:

- den Mut zu einem überzeugten und festen Glauben entdecken;
- den Mut zum Voranschreiten gewinnen, auch in Situationen, die mit vielen Schwierigkeiten verbunden sind, sei es im Berufs- oder Familienleben, wo uns manchmal alles total auf die Nerven geht;
- den Mut zur Überzeugung erlangen, dass mit Gott und mit seinem Beistand alles zu überwinden ist;
- den Mut zum Bekenntnis haben, dass Jesus tatsächlich einen festen Platz in unserem Leben hat, auch in unangenehmen Situationen, in denen wir ein Zeugnis für ihn ablegen sollen;
- den Mut zur Verteidigung unseres christlichen Glaubens und der Glaubensprinzipien der Kirche aufbringen, auch dann, wenn wir mit scharfer Kritik konfrontiert werden;
- den Mut zu einer klaren Stellungnahme finden, wenn über Religiöses Späße und Witze erzählt werden;
- den Mut zur Vertiefung unseres Glaubens und zur tätigen Nächstenliebe beweisen, der meistens seinen Anfang im Kleinen und Verborgenen hat.

So lassen wir diese gar nicht einfache, sich dennoch immer lohnende Eigenschaft, nämlich die Tugend des Mutes, in uns wirksam werden, damit wir viele neue Möglichkeiten entdecken, jenen vorbildhaft zu begegnen, die zu Jesus noch keinen Zugang gefunden haben.

Fünfter Sonntag

Liturgischer Gruß:

Der Herr, dem auch wir nachzufolgen versuchen,
sei mit euch.

Kyrie-Rufe:

Herr Jesus Christus,
du willst, dass wir deinen Worten trauen.
Du würdest gern unsere Hilflosigkeit durch deine Kraft ersetzen.
Du führst uns durch alle Höhen und Tiefen des Lebens hindurch.

Gedanken
zum **Evangelium** nach **Lk 5,1-11**

Fahr hinaus auf den See!

Es gibt im Leben eines jeden Menschen bestimmte Orte, die für ihn eine besondere Bedeutung haben.

Der See Genezaret, der auch See von Tiberias heißt und im Norden Palästinas liegt, den der Jordan von Norden nach Süden durchquert, spielt im Leben Jesu und im Leben seiner Jünger auch eine besondere Rolle. Er ist von Nord nach Süd 21 Kilometer lang und erreicht eine Breite von 12 Kilometern. Sein Spiegel liegt etwa 209 Meter unter dem des Mittelmeeres. Entlang seiner Ufer breiten sich fruchtbare Ebenen aus. Im Osten wird er durch die Golanhöhen begrenzt. Am See Genezaret hat das Fischerhandwerk geblüht.

An diesem See, in einer fruchtbaren Gegend also, und nicht etwa im Zentrum des religiösen Lebens, in der Stadt Jerusalem, beruft Christus seine Jünger. Er beruft keine ausgebildeten Schriftgelehrten, sondern einfache Fischer. Eben diese Berufung hat außer dem persönlichen auch einen symbolischen Charakter, denn schon die Propheten haben in Zusammenhang mit dem Fischfang von der zukünftigen Zeit des Überflusses gesprochen. Es gab in der Hauptstadt sogar ein *»Tor der Fische«*, ein Zeichen des blühenden Handels.

Mit dem Ruf Jesu beginnt eben die neue Zeit, die Zeit der Verwirklichung des Reiches Gottes, die Zeit des Wohlstands.

Dadurch gewinnt jede christliche Berufung eine tiefe Symbolik, die nicht nur die Damaligen, sondern auch uns erkennen lässt, dass Jesus Menschen, die mitten im Leben, also auch im Berufsleben, stehen, in seine Nachfolge ruft. Er ruft die, die am wenigsten erwarten würden, angesprochen zu sein, weil sie sich unwürdig fühlen.

Gerade sie sollen für den Herrn Zeugnis geben. Mit ihnen will Jesus die größten Wunder vollbringen und das Reich Gottes in dieser Welt verwirklichen.

Für uns ist es wichtig, für den Ruf Christi offen zu bleiben und keine Angst vor der Kritik und vor den Missverständnissen, die von den Skeptikern kommen können, zu haben. Keiner braucht sich für unwürdig zu halten und wie Petrus zu schrecken: *»Herr, geh weg von mir; ich bin ein Sünder«*, sondern die Worte des Herrn, die er an Petrus richtet, sollen im Gedächtnis bewahrt werden: *»Fürchte dich nicht!«*

»Fürchte dich nicht!« soll zugleich eine Devise für unser christliches Leben sein.

Fürchte dich nicht vor dem morgigen Tag!

Fürchte dich nicht vor auftauchenden Problemen!

Fürchte dich nicht, dass dich deine Kräfte verlassen oder dass dich Mutlosigkeit überfällt!

Fürchte dich nicht vor Menschen, die dir gegenüber schlecht oder boshaft gesinnt sind!

Fürchte dich nicht vor notwendigen Entscheidungen, vor einem Neubeginn und davor, was die Zukunft bringt! Fürchte dich nicht vor dem Alleinsein oder Einsamwerden, Jesus kümmert sich wirklich um dich!

Auch wenn du vor vielem heute oder morgen nicht verschont bleibst, geh mutig den Problemen entgegen, versuche manche Hindernisse zu überwinden, weil der, auf dessen Name du getauft bist, mit dir ist! Er verlässt dich nicht.

Wir müssten uns noch vorbehaltloser auf Christus einlassen, uns von ihm führen lassen und ihm Vertrauen schenken, ein Vertrauen, das weit über die tägliche Logik reicht. Wir glauben noch immer zu wenig, dass wir mit Christus alles erreichen oder bewältigen können.

Hätte Petrus sich nicht auf das Angebot des Herrn eingelassen, wäre er bei seiner Enttäuschung durch den erfolglosen Fischfang der vergangenen Nacht deprimiert geblieben.

Er hat aber ohne Widerrede die Netze zum Fang ausgeworfen. Nach dieser Geste des vorbehaltlosen Vertrauens hat er die Worte des Herrn vernehmen dürfen:

»*Von jetzt an wirst du Menschen fangen*« (Lk 5,10).

So können wir am Beispiel dieses Evangeliums erneut erkennen, worin unsere christliche Berufung unter anderem auch besteht. Eine Aussage von Alfred Delp ist in diesem Zusammenhang sehr treffend: *Lasst uns dem Leben trauen, weil wir es nicht allein zu leben haben, weil Gott es mit uns lebt.*[58]

Ich möchte mit einem Wort des hl. Ignatius von Antiochien schließen: *Erflehet mir Kraft nach innen und nach außen, damit ich nicht nur rede, sondern auch wolle, damit ich nicht nur Christ heiße, sondern als solcher mich erweise.*[59]

---

[58] vgl. B. u. H. Hug, Wurzeln die uns tragen, op. cit., Gedanken für den 9. Januar.

[59] vgl. Liturgischer Kalender, Mönchengladbach 2001, Gedanken für den 8. Februar 2001.

Sechster Sonntag

Liturgischer Gruß:

Der Herr, dessen Herzenswunsch es ist, jedem ein gutes und tröstendes Wort zu spenden, sei mit euch.

Kyrie-Rufe:

Herr Jesus Christus,
du forderst von uns, dass unser Bemühen in Spannung,
*   sogar im Gegensatz zur Welt stehe.*
Du willst, dass wir das Reich Gottes mitten unter uns
*   wahrnehmen und seine Gesetze für unser Leben*
*   geltend machen.*
Du bist am Schicksal eines jeden von uns mit deiner
*   aufmunternden und tröstenden Gnade beteiligt.*

Gedanken
zum **Evangelium** nach **Lk 6,17.20-26**

Selig seid ihr

Wir haben noch viel zu lernen, um ein wenig besser begreifen zu können, was Christus wirklich will. Wir haben wahrscheinlich auch noch sehr viel zu tun, damit wir nicht auf eine Stufe mit den Getadelten gestellt werden. Wir können nur hoffen, dass es uns mit der Gnade Gottes und dank seines Wortes, das uns mahnt und zur Besinnung ruft, rechtzeitig gelingt, die Werte zu entdecken, die den wahren Sinn und das Ziel unserer Existenz garantieren.

Jesu Rede ist klar und geradlinig, dennoch klingt sie manchmal hart und verursacht eine Reflexion, die zu echtem Zwiespalt führen kann, weil wir nicht genau wissen, was die Worte hier bedeuten, wie wir sie interpretieren und dann für uns fruchtbar machen sollen.

Dieses Evangelium ist durch gegensätzliche Bilder, die die Realität des

Lebens widerspiegeln, unmissverständlich. Man kann wohl sagen, dass die Worte Christi für uns im gewissen Sinn eine Prüfung darstellen, die normalerweise nicht ohne Antwort bleiben darf, die aber den Geprüften, der eine gute Sachkenntnisse besitzt, in Verlegenheit bringt, weil er keine erschöpfende Antwort findet.

Die ersten Sätze sind trost- und hoffnungsvoll. Sie sind von echtem Entgegenkommen und von Zuneigung geprägt. Ihnen werden die weiteren unbarmherzigen Wehrufe entgegengestellt. Diese drastischen Gegensätze hätte doch Christus etwas gemildert ausdrücken können. Seine harte Redensart verursacht bei vielen Zuhörern einen Schock, weil sehr gezielt zum Ausdruck gebracht wird, welche Haltungen für eine Gemeinschaft Egoismus in Reinkultur verkörpern. Man kann vermuten, dass es die Absicht Jesu gewesen ist, einige wirklich in eine Schocksituation zu versetzen, die gleichzeitig als heilende Schocktheraphie wirken sollte.

In unserem menschlichen Leben ist es so, dass Worte, die uns wenig bedeuten, total in Vergessenheit geraten, jene, deren Wichtigkeit oder Einmaligkeit uns tief betroffen gemacht hat, meistens in Erinnerung bleiben. Es müssen doch triftige Gründe gegeben sein, wenn Jesus diese drei Seinsweisen so hart kritisiert und verurteilt. Das heißt, er akzeptiert nicht, dass manche von bestimmten Schicksalsschlägen, die eigentlich abwendbar wären, getroffen werden. Sie entsprechen in keinem Fall der Würde des Menschen. Dies sind:

- die Armut, die bei Millionen an das Existenzminimum reicht,
- der Hunger, der sich in ein schmerzhaftes Verlangen nach Speise verwandeln kann,
- die Traurigkeit, die aus dem Alleingelassensein, aus der fehlenden Anteilnahme und Geborgenheit resultiert,
- die mangelnde Gerechtigkeit, die vielfach zum Himmel schreit und mit Verfolgung und Ablehnung verbunden ist, die aber auch echte Qualen hervorrufen kann.

Christus weiß die Gründe zu nennen, wenn er die vier falschen Grundeinstellungen, also Grundübel, aus dem menschlichen Leben zu eliminieren versucht. Es geht:

- um den Reichtum, den nicht nur hart erarbeiteten Besitz, sondern um den Überfluss an Vermögen, in dem man die einzige Sicherheit und Grundlage des Lebens sieht, die schnell den Menschen in seiner Sicht zu begrenzen, das Herz zu erobern und so zu versklaven vermag;

- um das Übermaß an Speisen, das nicht nur zum Sattwerden, vielmehr zur Faulheit des Herzens und des Leibes, zu einer außerordentlichen Selbstzufriedenheit und Verschlossenheit gegenüber den anderen führt;
- um den täglichen Genuß und um die Freude, die ihre Ursache nur im Leiblichen und Materiellen sucht und ziemlich egozentrisch nach eigenem Gefallen handelt;
- und letztlich um die Selbstgerechtigkeit, die den anderen beschneidet, einengt und ihn nie zur vollen Entfaltung seiner Persönlichlichkeit gelangen lässt, weil er selbst stets Lob und Anerkennung ernten will.

Aus diesen Gegensätzen die Wichtigkeit der Aussage Christi zu erkennen ist keine große Kunst. Seine Rede, auch wenn sie diesmal erschüttert, beinhaltet letztendlich nur positive Aspekte für unser Handeln. Jesus will nie, dass die Betroffenen durch bestimmte Lebensumstände in extreme Situationen getrieben werden. Er will nie zulassen, dass irgendjemand eingegrenzt sein soll.

Diese Darlegung drückt seine Sorge um uns alle aus, damit wir nicht Sklaven der einen oder der anderen Gewohnheit bleiben, sondern uns aus der Würde der Gotteskindschaft heraus in der Vervollkommnung weiterentwickeln und so näher zu Gott hin finden.

Siebenter Sonntag

Liturgischer Gruß:

Der Herr, der uns aufruft, jedem Menschen gegenüber gut
gesinnt zu sein, sei mit euch.

Kyrie-Rufe:

Herr Jesus Christus,
du willst, dass wir den Sünder, sogar den Feind und den
*   Gegner in unsere Liebe einschließen.*
Du hast die Feindesliebe zum Maßstab unseres
*   Christseins gemacht.*
Du möchtest, dass wir selbst von einem lauteren Wohlwollen
*   zu einem friedvollen Miteinander weiterschreiten*
*   und anderen dazu verhelfen.*

Gedanken
zum **Evangelium** nach **Lk 6,27-38**

Tut denen Gutes, die euch hassen

Haben wir manchmal nicht das Gefühl, hinter den Forderungen Jesu
zurückzubleiben? Etwa
- hinter all dem, wie wir in gewissen Situationen reagieren könnten und
  müssten,
- hinter dem Guten, das wir nicht zustande gebracht haben, indem wir
  fluchen, statt zu segnen, zurückschlagen, auch mit Worten,
- hinter der Großzügigkeit, die uns motiviert noch mehr zu geben, als von
  uns verlangt werde,
- hinter der Freigebigkeit beim Teilen, nicht nur mit einem Bittenden,
  sondern sofort und spontan, die Not erfassend?
Das heutige Evangelium ist zweifellos durch eine gewisse Radikalität geprägt. Mit wie vielen Gegensätzen werden wir doch täglich konfrontiert!

Wie viele Handlungen vollbringen wir auch, die unserer inneren Überzeugung nicht entsprechen und in uns ein mulmiges Gefühl der Unzufriedenheit oder der Beschämtheit verursachen!

Gerade solch eine Art von Gegensätzen spricht Jesus an. Er bringt die verkehrten Strebungen der Menschen zur Sprache, wie Feindseligkeit, Hass, Fluch, Beschimpfung, Misshandlung, Diebstahl usw.

Was das bedeutet, weiß jeder, der z. B. wirklich einen Feind hat, wem die Beleidigung im Herzen brennt, wer nicht überwinden kann, dass der andere ihm etwas zerstört hat. Diesem soll er nicht nur verzeihen, sondern er soll ihn lieben? Und damit kein Zweifel möglich sei, heißt es weiter: »Wenn ihr die liebt, die euch lieben, was soll dann euer Lohn sein?...«[60]

Wären wir tatsächlich bereit, die andere Wange hinzuhalten? Sicherlich nicht!

Wären wir imstande, unsere Feinde zu lieben? Eher nicht!

Wo soll also der Ansporn, unserer christlichen Identität gerecht werden zu können, beginnen? Doch nicht in der Ablehnung der Lehre Christi!

Wenn wir also den Worten des Herrn folgen wollen, womit sollten wir anfangen?

Im Grunde genommen geht es Jesus überhaupt nicht um ein Gutheißen von all dem Bösen, das uns von den anderen angetan werden kann, sondern um etwas ganz anderes, nämlich um das Freisein.

Konkret heißt das: Wir dürfen nicht zulassen, Gefangene böswilliger Handlungen zu bleiben, denn gewisse Handlungsweisen hinterlassen in unserem Innersten dauerhafte Folgen. Sie prägen uns für viele Jahre. Sie belasten uns, sodass wir immer wieder mit unseren Gedanken und in unserem Tun darauf zurückgreifen.

Christus will uns von dieser Last, die durch böse Taten entstehen kann, tatsächlich verschonen.

Wir bleiben richtig frei, wenn wir bewusst die andere Wange hinhalten, nicht nur den Mantel, sondern auch das Hemd freiwillig geben, dem Feind gegenüber gut gesinnt sind, damit er endlich nachzudenken beginnt. Dies bedeutet, dass wir unsere innere Freiheit nur dann wirklich bewahren und völlig frei leben können, wenn wir nicht nach den weltlichen Maßstäben, sondern nach dem göttlichen Gebot zu leben versuchen.

---

[60] R. Guardini, Der Herr, op. cit., S. 81.

Gerade *die Unmöglichkeit – die radikale, deutlich wahr genommene Unmöglichkeit und die Absurdität – sind das Tor zum Übernatürlichen.*[61]
Wir sollen zeigen, dass wir weit über das Menschliche, das Logische, das Normale hinaus zu leben trachten. Diese Fähigkeit gewinnen wir allein aus der Nachahmung Jesu.

Gott ist nicht kleinlich.

Wir dagegen sind es viel zu oft und dazu sind wir noch unnachgiebig. So kann die Devise des heutigen Evangeliums lauten: Vergiss nicht, dass die menschlichen Maßstäbe nur menschlich messen, d. h. vergeltungssüchtig, gezielt grausam, boshaft, stur, nachtragend, selbstherrlich und ungerecht. Wir dagegen sind aufgerufen, großzügig zu geben und mit Übergüte zu reagieren, über alle Bosheit und Gemeinheit der anderen hinweg »übergerecht« zu sein, um so der Gerechtigkeit und dem Wohlwollen auf Gottes Wunsch in dieser Welt annähernd Gleichgewicht zu verleihen, damit uns im zukünftigen Leben nach dem Maß, mit dem wir messen, auch zugemessen wird. Diese Herausforderung ist sicherlich nicht leicht realisierbar, aber nicht unmöglich.

---

[61] E. Gazzotti (Hg.), Im Bann der Wahrheit, Hundert Worte von Simone Weil, München 2000, S. 71.

Achter Sonntag

Liturgischer Gruß:

Der Herr, dessen Hilfe wir stets bedürfen, sei mit euch.

Kyrie-Rufe:

Herr Jesus Christus,
du betreust uns, indem du uns reichlich mit deiner Gnade
*   beschenkst.*
Du zeigst uns den besten Weg, wir sollen nämlich in
*   selbstkritischer Liebe den Nächsten begegnen.*
Deine Güte lehrt uns, dass wir jeden anerkennen sollen,
*   ohne seine Schwächen oder Unvollkommenheiten*
*   aufzuzeigen.*

Gedanken
zum **Evangelium** nach **Lk 6,39-45**

Ein guter Mensch bringt Gutes hervor

In diesem Abschnitt des Lukasevangeliums gibt es viele Anhaltspunkte, die genug Stoff zum Nachdenken liefern, einerseits über die Menschen allgemein, andererseits aber über uns selber.
Ich habe absichtlich den einen positiven Satz herausgenommen, um uns zu positiven Überlegungen zu verhelfen.

Was die Menschen durch ihre Bosheit, durch schlechte Gewohnheiten oder durch ihre unkritische Persönlichkeit den anderen antun können, wissen wir aus dem alltäglichen Leben. So ist uns zugleich bekannt, dass nicht nur hochstehende Menschen oder die Regierenden ihre Macht ab und zu ausnützen, sondern dass auch die einfachen Leute manchmal in ihrer Umgebung Taten vollbringen, die für die anderen unvorstellbar, sogar unerträglich sind.

Eine Motivation, die wir aus der Aussage Christi für uns gewinnen, ist zweifellos der Aufruf zur Selbstkritik. Wenn jemand das eigene Leben, seine Taten, auch die großen oder kleinen Unternehmungen nicht im objektiven Licht anschaut und zu beurteilen versucht, wird er sicherlich viel mehr Fehler machen als jener, der sich selbst gegenüber kritisch verhält.

Selbstkritik ist der beste Weg zum Aufbau der eigenen Persönlichkeit. Selbstkritik ist ein Heilmittel bei manchem Misstrauen und bei vielen Auseinandersetzungen.

Selbstkritik sollen vor allem die Eltern schon in der frühen Kindheit ihren Kindern beibringen. In der Jugendzeit kann es oft zu spät sein. Selbstkritik, die ein Erwachsener übt, zeugt von seiner Größe und inneren Tiefe. Einem selbstkritischen Menschen werden Gerechtigkeit, Toleranz und Offenheit den anderen gegenüber sicherlich nicht fremd sein.

Ein selbstkritischer Mensch hat die besten Voraussetzungen, auch ein guter Mensch zu sein.

Hier wäre die Frage berechtigt: Wie steht es um meine Selbstkritik?

Sind meine Handlungen und Taten angemessen, zufriedenstellend und vor Gott, der immer nach dem Maß der Liebe misst, gefällig, oder gibt es noch einiges in meiner Persönlichkeit, was inakzeptabel ist?

Christus will eigentlich nur eines, dass wir aufgrund seiner Lehre und seines Gebots der Liebe die richtige Lebensbahn und Lebensrichtung einschlagen, weil die Welt stets nach anderen Maßstäben misst und Ausschau hält. Jesus verlangt, weil der Mensch in diesem Leben nie vollkommen wird, eine immerwährende Wachsamkeit und einen Reifungsprozess, der eigentlich nie endet, damit auch wir einmal zu ihm finden und jene Begrüßungsworte zu hören bekommen, die er allen, die auf ihn hören, versprochen hat: *»Du hast viel Gutes hervorgebracht, weil du im Grund deines Herzens ein guter Mensch gewesen bist, komm und schöpfe aus dem Reichtum des gütigen Vaters!«*

Neunter Sonntag

Liturgischer Gruß:

> Der Herr, dem ein Glaubender echte Freude bereitet,
> sei mit euch.

Kyrie-Rufe:

> Herr Jesus Christus,
> du willst, dass allen die Überzeugung im Glauben als
>   Grundlage der wahren inneren Befreiung diene.
> Deine Gnade kann erst dann zur vollen Wirkung kommen,
>   wenn wir in unserem Glauben keine Zweifel zulassen.
> Deine Botschaft weist auf die Mitte des Lebens hin,
>   die Gott selbst einzig und allein sein sollte.

Gedanken zum **Evangelium** nach **Lk 7,1-10**

Sprich nur ein Wort

Auch das einfache Wort kann zu unschätzbarem Wert werden und gewaltige Macht haben.

Jeder bewusst gesprochene Satz birgt in sich das Potential des Inneren eines Menschen. Gerade deshalb können Worte heilen oder verletzen, Freude oder Bitterkeit hervorrufen, helfen oder hindern, in einer guten Erinnerung bleiben oder jemandem ein Ärgernis bereiten.

Das liebevoll und einfühlsam ausgesproche Wort kann für die Seele eine Labung sein, das boshafte und hinterlistige dagegen lange Zeit verletzend und schmerzhaft wirken.

Der Dialog zwischen Jesus und dem Hauptmann, obwohl dieser sich anderer Personen bedient, die wahrscheinlich einen besseren Zugang zu Jesus gehabt haben, ist von Sensibilität geprägt.

Die Worte des Hauptmanns, die in seinem tiefen Glauben verankert sind, haben nicht nur die Wirkung, dass sie ergreifen, sondern, dass sie richtig unter die Haut gehen. Darum haben sie ihre Gültigkeit bis zum heutigen Tag bewahrt. Sie klingen nicht nur überzeugend und wahr, sie sind es auch. Eben diese seine Worte werden, wenn auch in einer veränderten Form, in der Liturgie der hl. Messe vor dem Empfang der hl. Kommunion wiederholt: *»Herr, ich bin nicht würdig, dass du eingehst unter mein Dach, aber sprich nur ein Wort, so wird meine Seele gesund«.*

Der Hauptmann bittet Jesus nicht in seiner eigenen Angelegenheit. Er bittet um die Genesung seines Dieners. Obwohl der Hauptmann kein Jude ist, weiß er aber vom universalen Charakter der Gnade Gottes. Nach diesem Prinzip hat er die Liebe gelebt. Die Bitte für seinen Untergebenen weist auf seine wahre, uneingeschränkte Nächstenliebe und deren universalen Charakter hin.

Er weiß zugleich, dass Gott wirken kann, wie er will. Diese Freiheit der Allmacht Gottes kann durch nichts beeinträchtigt werden.

So stellt das heutige Evangelium nicht nur die Bestätigung dessen dar, dass Jesus bereit ist, unserem Beten und Bitten wirklich entgegenzukommen, sondern es weist in aller Deutlichkeit darauf hin, welche Erwartungen bzw. welche Komponente für die Wirksamkeit der Gnade Gottes behilflich sind. Es handelt sich um den Glauben, um echtes Gottvertrauen, um liebende Zuwendung und letztlich um die Offenheit des Bittenden.

Glaube und Liebe sind die ersten Voraussetzungen unseres Erfolgs bei Gott.

Gott stellt an uns weder heroische noch unmögliche Anforderungen. Er, der in seiner Allmacht alles vollbringen kann und dies nicht nur für einfache Menschen, freut sich wirklich über unser Vertrauen und unsere Ergebenheit.

Sollte die Feststellung des Herrn *»Nicht einmal in Israel habe ich einen solchen Glauben gefunden«* (Lk 7,9) nicht auch für uns einen Ansporn darstellen?

Der Glaube nimmt anders wahr, als die Sinne es tun. Die Sinne täuschen, der Glaube zeigt die Wirklichkeit.

Wer aus dem Glauben lebt, hat ein neues Denken, einen neuen Geschmack, eine neue Werteskala: Neue Horizonte tun sich vor ihm auf, wundervolle Weiten, die erfüllt sind vom Licht des Himmels, von der Schönheit Gottes. Umhüllt von diesen neuen Wahrheiten, von denen die Welt keine Ahnung hat, kann er nicht anders, als ein neues Leben zu beginnen. Wer dieses Licht sieht, schätze seinen Wert, achte es hoch, halte daran fest, folge ihm in allem, lasse sich durch nichts von ihm fernhalten.[62]

Aus der Frucht des Glaubens entstehen die Werke der Nächstenliebe.

Wenn wir also bereit sind, uns über die täglichen Probleme emporzuheben, dann werden wir leichter die Not und das Elend der anderen, die oft viel größer sind als die unsrigen, sehen, wahrnehmen und für sie bei Gott eintreten.

---

[62] vgl. Ch. de Foucauld, Hingabe und Nachfolge, München 2005, S. 92-93.

Zehnter Sonntag

Liturgischer Gruß:

Der Herr, der uns neues Leben schenkt,
sei mit euch.

Kyrie-Rufe:

Herr Jesus Christus,
du willst uns auf die Einmaligkeit des menschlichen Lebens
sensibilisieren, weil wir damit nicht immer zart und behutsam
umgehen oder diese überhaupt außer Acht lassen.
Du hast Mitleid mit den Traurigen und Trauernden gehabt,
uns fehlt oft die Einfühlsamkeit in die Situation des anderen.
Du hast gezeigt, dass der natürliche Tod den menschlichen
Lebensweg begleitet. Verzeih allen, die sich dieser
Tatsache nicht bewusst sind und ihr Leben leichtsinnig
aufs Spiel setzen, nicht nach dem Willen Gottes handeln
und selbst Hand anlegen.

Gedanken
zum **Evangelium** nach **Lk 7,11-17**

Als der Herr die Frau sah, hatte er Mitleid mit ihr

Sich in die Situation des anderen zu versetzen und mitzufühlen, was er gerade erlebt, stellt wohl keine leichte Aufgabe dar. Es ist aber oft für den Betroffenen eine unschätzbare Hilfe und Stütze, wenn jemand ihm beisteht, mit einem guten, ermutigenden Wort tröstet und ganz einfach für ihn da ist, damit dieser nicht in Verzweiflung versinkt, sondern trotz aller Umstände mit neuer Hoffnung in die Zukunft blicken kann.
Welch eine Tragödie die im heutigen Evangelium angesprochene Witwe erlebt hat und in welcher seelischen Verfassung sie gewesen ist, als sie ihren einzigen Sohn, also ihr ganzes Glück, ihre Lebensstütze und ihr

Alles verloren hat, können wir uns gar nicht vorstellen. Das Leben hat für sie keinen Sinn mehr gehabt.

Gerade in diese ausweglose Situation greift Jesus ein. Er ruft den jungen Mann zum Leben. Er schenkt ihm und seiner Mutter nicht nur neues Leben, sondern eine bis jetzt nie erdachte Perspektive, nämlich den Glauben an ihn. Beide entdecken den, der das Leben ist.

Die ergreifende Zuwendung Christi »Weine nicht!« bezeugt seine Liebe, die alle Lebenssituationen umfasst. Mit ihm geht das Leben weiter, mit ihm können wir alles überwinden, denn in ihm liegt unsere Zukunft.

Ich möchte im Zusammenhang mit dem heutigen Evangelium eine wahre Geschichte von Ferdinand Gruber wiedergeben.

In einem Dorf lebte mit Familie der Gruber Ferdinand, ein Bauer und Wegmacher. Der Ferdinand ist ein allseits beliebter, gottesfürchtiger Mensch mit einer schönen Stimme. Im Kirchenchor singt er nicht mit, dazu mangelt ihm die Zeit, wohl aber in der Sonntagsmesse. Er hat seinen Platz in der Bank hinter mir, und jedesmal erfreue ich mich an seinem herzhaften Gesang.

Der einzige Sohn der Familie Gruber, den alle lieben und auf den alle stolz sind, erleidet auf der Fahrt mit dem Moped zur Arbeit einen Verkehrsunfall. Selbst gänzlich schuldlos, wird er von einem anderen Fahrzeug überrollt und verliert beide Beine. Nach einer Woche qualvollen Leidens im Unfallspital stirbt der junge Gruber.

Daraufhin verschwindet der Gruber Ferdinand zunächst aus der Kirche, der Platz in seiner Bank hinter mir bleibt leer. Oft schaue ich insgeheim auf die Lücke und hoffe, dass sie sich wieder füllen möge; und plötzlich – eines Tages – ist der Gruber Ferdinand wieder da. Etwas, aber etwas Entscheidendes, ist anders geworden – er singt nicht mehr. Stumm sitzt er in der Bank hinter mir – und dieser Zustand ist mir fast noch unerträglicher als die Lücke zuvor. Aber was soll's – auch daran gewöhnt man sich.

Wieder einige Zeit später – ich traue meinen Ohren nicht – höre ich plötzlich hinter mir die wohlvertraute Stimme, zunächst leise und dann fast wie früher. Der Ferdinand singt wieder![63]

---

[63] F. Eckert, Das Schweigen des Nikodemus, Freiburg im Breisgau 1990, S. 223.

Elfter Sonntag

Liturgischer Gruß:

Der Herr, der für jeden zugänglich bleibt, dem die Umkehr zu ihm ein Anliegen ist, sei mit euch.

Kyrie-Rufe:

Herr Jesus Christus,
du freust dich über jeden, der zu dir findet.
Du bist jedem Sünder besonders nahe.
Die Reue und das Zurückfinden zu dir schafft
ein ganz neues, traumhaftes Leben.

Gedanken
zum **Evangelium** nach **Lk 7,36-8,3**

Wer ist das, dass er sogar Sünden vergibt

Es gibt immer wieder Personen, an denen wir Anstoß nehmen, die wir meiden und mit denen wir auch manchmal gar nichts mehr zu tun haben wollen.

Das Beispiel aus diesem Evangelium stellt eigentlich eine Provokation dar. Wir würden wahrscheinlich nicht anders reagieren als der Pharisäer, der Jesus eingeladen hat.

Doch Jesus erschrickt bei der Begegnung mit der Sünderin nicht. Er erlaubt ihr sogar, ihm die Füße mit den wohlriechenden Ölen zu salben. Er beschimpft sie nicht, obwohl sie von hinten an ihn herantritt. Wir erinnern uns vielleicht an die Frau, die an Blutungen gelitten hat. Sie ist genauso von hinten gekommen, um das Gewand von Jesus zu berühren. Eine seltene Art des Zugangs zu Jesus haben diese beiden Frauen gewählt, die die Begegnung von Angesicht zu Angesicht gemieden haben. Wir wissen nicht genau, was die Damaligen davon gehalten haben.

Es könnte sich zuerst um eine Angelegenheit gehandelt haben, deren sich die Frauen schämten, die sie nicht von Angesicht zu Angesicht darlegen wollten.

Zugleich aber hatten die Betroffenen überhaupt nicht gewusst, wie Jesus reagieren würde. Und letztlich war das Herantreten mit dem Überraschungsmoment des Anschleichens verbunden. Der andere hatte nicht einmal die Möglichkeit, auszuweichen oder sich zu verteidigen.

Die beiden erwähnten Frauen haben ihre einmalige Chance erkannt und sich diese nicht entgehen lassen.

Hätte Christus aufgrund des moralischen Gutachtens oder aufgrund der Äußerlichkeit der Umstände gehandelt, dann hätte er auch wie alle anderen reagiert. Er aber zerbricht in diesem Fall den gesellschaftlich üblichen Rahmen des Benehmens und der Vertraulichkeit und erlaubt einen Zugang zu sich, der zum Äußersten führt. Die Sünderin erlebt dadurch die tiefste innere Erschütterung. Der Kuss des Fußes ist damals ein Zeichen demütigster Dankbarkeit gewesen, wie sie nur einem Lebensretter erwiesen worden ist. Diese Frau vergisst im Augenblick der einmaligen Chance ihre eigene Person mit ihrer ganzen Vergangenheit. Sie gewinnt augenblicklich Zutrauen und nimmt die längst ersehnte Sehnsucht wahr, um ihr Leben neu beginnen zu können.

So entsteht aus der Angst und aus den eisigen Blicken der Nebenstehenden durch die Herzenswärme und die Offenheit Jesu eine unerwartete Wende in der Frau und möglicherweise auch in den anderen.

Das hinzugefügte Beispiel vom Geldverleiher will diese Angelegenheit nur noch verdeutlichen, damit die Anwesenden lernen, wie man mit Schuldnern umgehen kann.

Sanftheit und Zuneigung sind die ersten Elemente, die man normalerweise in solchen Fällen einsetzen müsste, weil jeder Mensch einmalig und in Gottes Augen auch mit seinen Fehlern wertvoll ist.

Interessant ist, dass Jesus Sündenschuld mit Geldschuld vergleicht. Er weiß, wie betrübt das Innere des Schuldners sein kann, wie viele Sorgen und schlaflose Nächte diese Menschen hinter sich haben. Er fegt ihnen diese Sorgen hinweg, nimmt die reinen Tränen entgegen und bietet den Hilfesuchenden seinen Beistand an, d. h. eine liebevolle und verzeihende Zuwendung.

Es kann doch für den Schuldner nichts Schöneres geben, als zu erfahren, nichts mehr begleichen zu müssen und mit keiner Belastung bedrückt, sondern endlich wieder frei zu sein wie alle anderen.

Wird der Schuldner dem großzügigen Geber nicht etwa mit Liebe und Dankbarkeit antworten?

Müssten nicht auch wir heute besonders nachdenklich werden?

Jesu Reaktion sollte auch uns zur rechten Handlungsweise verpflichten.

Zwölfter Sonntag

Liturgischer Gruß:

*Der Herr, der einen Beweis unserer Zugehörigkeit zu ihm
verlangt, sei mit euch.*

Kyrie-Rufe:

*Herr Jesus Christus,
du verlangst von uns wie von Petrus eine klare
    Entschlossenheit für dich und deine Botschaft.
Du bist der Einzige, der unser Leben bestimmen sollte.
Du willst jedem das Verlangen nach einem
    erfüllten Leben stillen.*

Gedanken
zum **Evangelium** nach **Lk 9,18-24**

Für wen halten mich die Leute?

Nur allzu gern möchten wir erfahren, was die anderen über uns denken
und wie wir in ihren Augen gesehen werden. Wir wollen aber nicht zulassen, dass jemand die ganze Wahrheit über uns erfährt oder unsere
Leidenschaften entdeckt. Niemand will, dass man in seine Intimsphäre
eindringt, niemand will bis zum Äußersten entblößt werden.
Zu unseren Grundrechten gehören unter anderem das Bewahren der Inti-
mität und der eigenen Geheimnisse.
Jeder möchte in seinem Menschsein so respektiert werden, wie er ist, und
nicht, wie ihn die anderen empfinden.
Diesmal sind wir mit einer Frage, die Jesus an die Jünger stellt und die
sich auf seine Person bezieht, konfrontiert. Er fragt nicht etwa, was seine
Werke, Taten, Ansichten oder seine Lehre für die anderen bedeuten,
sondern was er selbst ihnen wert ist.
Bei solch einer Frage gibt es keine Möglichkeit für eine ausweichende

Antwort. Deshalb spricht Petrus klare Worte aus: *»Du bist der Messias Gottes«* (vgl. Lk 9,20).

Wäre es für uns nicht auch an der Zeit, dass wir jeden Menschen in seiner Ganzheit annehmen, wie er ist, und nicht nach seiner Herkunft, Hautfarbe oder Religion fragen oder ihn nach seinen Taten beurteilen? Wir bilden unsere Meinung fast ausschließlich nach den Taten, also danach, was die anderen vollbringen. Wir reden auch oft über die anderen.

Gerade hierin liegt die falsche Einstellung, die die vorbehaltlose Annahme eines jeden hemmt. Die Taten eines Menschen müssen uns nicht immer gefallen, dennoch dürfen wir niemanden auf einen verlorenen Posten abschieben oder ihn total ablehnen, wenn sein Verhalten nicht unseren Vorstellungen entspricht.

Im Grunde genommen dürfen nicht die Handlungen bewertet werden, sondern es muss letztendlich immer der Mensch zählen.

Phil Bosmans hat einmal Folgendes gesagt: *Niemand ist so schlecht wie in seinen schlechtesten Augenblicken. Niemand ist so gut wie in seinen besten Augenblicken. Menschen werden schnell ein Leben lang nach einem Fehltritt beurteilt, den sie begingen. Menschen werden meistens auf ihre verkehrten Handlungen und Haltungen festgenagelt.*

Und dennoch. Eine schlechte Eigenschaft ist noch kein schlechter Mensch. Ein schlechter Tag ist noch kein schlechtes Leben. Wenn ich Böses denke, werde ich Böses tun. Wenn ich Menschen schlecht mache, werden sie nicht besser. Wenn ich vom anderen Gutes denke, gebe ich ihm zu verstehen: Du lässt mich nicht kalt. Du bedeutest mir viel. Du bist der Mühe wert. Dich muss man gern haben.[64]

Es ist wahrlich eine Lebenskunst, die anderen wirklich so anzunehmen, wie sie sind. Dies ist aber ein Lernprozess, der hart erarbeitet werden muss.

Für andere mehr oder minder fremde Menschen Verständnis aufzubringen und entschuldigende Liebe wie für uns selber, das will gelernt sein ein Leben lang (Hannelore Frank).[65]

Wir werden im Durchschnitt immer gebildeter. Aber in der Bewältigung des einfachen Lebens werden wir immer hilfloser. Dass man auch sagen

---

[64] Ph. Bosmans, Worte zum Menschsein, Freiburg im Breisgau 2000, S. 17-18.

[65] B. u. H. Hug, Wurzeln die uns tragen, op. cit., Gedanken für den 28. August.

kann: »Entschuldige, ich habe es nicht so gemeint!«, ist – ein wenig über-trieben – eine vergessene Kunst geworden (Adolf Sommerauer).[66]

Wir wollen doch alle, dass die anderen uns schätzen, achten und mögen. So müssten wir ihnen – allein aus diesem Grund – genauso liebevoll und mit Verständnis begegnen.

Lernen wir daraus, keinen einzigen Menschen zu verdammen.

Lernen wir, niemanden zu verurteilen, ohne zu erforschen, wie viel Gutes in diesem Menschen steckt, welcher Reichtum in ihm vorhanden ist, welch wertvolle Eigenschaften und Begabungen er besitzt und letztlich, wie er sich als Mensch in einer Situation verhält, die nur ihm eigen ist.

Wir haben es auch nötig, dass Gott mit uns so verfährt.

------

[66] B. u. H. Hug, Wurzeln die uns tragen, op. cit., Gedanken für den 14. September.

Dreizehnter Sonntag

Liturgischer Gruß:

Der Herr, der immer liebe- und verständnisvoll zu uns ist,
sei mit euch.

Kyrie-Rufe:

Herr Jesus Christus,
- wir vergessen zu leicht, dass das Sich-Einlassen
*   auf dich jedem eine sichere Zukunft verschafft.*
- wir vergessen so oft, dass der Weg mit dir ein Schreiten
*   in die Zukunft bedeutet, das nicht durch Vergangenes*
*   belastet sein darf.*
- wir entdecken nicht immer, dass das Gehen mit dir
*   unser ganzes Sein fordert.*

Gedanken
zum **Evangelium** nach **Lk 9,51-62**

Keiner, der die Hand an den Pflug gelegt hat
und nochmals zurückblickt, taugt für das Reich Gottes

Obwohl das heutige Evangelium zwei unterschiedliche Gegebenheiten beschreibt – es berichtet zuerst von den ungastlichen Samaritern, dann von der Nachfolge –, können wir jedoch in beiden Fällen eine gewisse Gemeinsamkeit feststellen. Diese bezieht sich in erster Linie auf die Unerfahrenheit der Jünger in christlichen Wertordnungen, im Weiteren auf die Absicht Jesu.

Die Jünger sind noch nicht so weit in ihrer Lebenseinstellung, dass sie imstande sind, erkennen zu können, welche Denk- und Handlungsweisen Jesus eigen sind. Darum erfolgt letztendlich auch die Änderung ihrer Ansichten und Handlungen noch nicht. Sie bewegen sich in Bahnen ihrer Gewohnheiten und Verhaltensnormen. Sie sind vermutlich davon überzeugt, dass Jesus ihre Reaktion als richtig empfindet und gutheißt.

Durch sein Verhalten stößt der Herr ihr Denken total um.

Wieweit in einem Menschen Rachsucht, Vergeltungsmaßnahmen oder feindselige Gesinnung verankert sein können, wissen wir aus eigener Erfahrung und aus vielen Lebenssituationen.

Die Jünger, die das Feuer vom Himmel zur Vernichtung des samaritischen Dorfes verlangen, sind in einer Tradition der Vergeltung erzogen worden: Aug um Aug, Zahn um Zahn.

Jesus zeigt, dass es auch anders gehen kann, sogar gehen muss. Zugleich weist er darauf hin, dass seine Lehre sich ausschließlich auf das Gebot der Liebe bezieht. Dieses kennt weder Vergeltung noch Rache.

Wenn wir uns selber im Alltag genauer beobachten, entgeht unserer Aufmerksamkeit sicherlich jene Tatsache nicht, dass uns noch ziemlich viel von dem fehlt, was Christus verlangt. Wir ertappen uns immer wieder, dass die christlichen Tugenden wie Beherrschung, Geduld, Verständnis, Nachgiebigkeit, Güte, Barmherzigkeit, Toleranz und der Blick für alle möglichen Nöte des Einzelnen doch nicht ganz in uns festsitzen.

Durch unsere Zugehörigkeit zu Christus müssten wir Menschen sein, die sich deutlich von den anderen unterscheiden, Menschen, die danach zu leben versuchen, was Christus vorgelebt hat. Darüber hinaus dürfen wir nicht vergessen, *dass die Bestimmung, zu der Gott den Menschen beruft, von uns nicht nur gelegentliches Handeln gemäß dieser Bestimmung fordert, sondern die Durchformung unseres ganzen Lebens auf sie hin. Durchformtsein bedeutet eine gefestigte Neigung zu gutem Verhalten.*[67]

Was unterscheidet uns eigentlich von den anderen, wenn nicht unsere christliche Gesinnung und Lebenseinstellung, vor allem aber unser Handeln?

Die Absicht Jesu, damals wie heute, ist, die Seinen zur vollen Freiheit zu führen, zu einer Freiheit im umfassenden Sinn.

»Ihr seid zur Freiheit berufen«, lesen wir im Brief an die Galater (Gal 5,13), denn die wirkliche Freiheit des Menschen besteht in der Liebe. Wir können nicht wirklich leben, ohne zu lieben. Um richtig leben zu können, bedürfen wir auch einer ständigen Befreiung von vielem, was in

---

[67] vgl. K. Hörmann (Hg.), Lexikon der christlichen Moral, op. cit., 1606-1607.

uns wissentlich oder bewusst mitgewachsen ist und was im Grunde genommen uns daran hindert, dem Gebot der Liebe Rechnung zu tragen.

Wovon sollen wir uns innerlich befreien?

Vielleicht von Stolz, von Angerührtheit, von Empörtsein, von Neid, Eifersucht, Habgier, Hinterlist, von Misstrauen, von Verdächtigung, Missbilligung usw., damit wir keine Stolpersteine in unserem Herzen tragen, sondern offen und liebevoll den anderen gegenüber sind?

Aus dem Verhalten des Herrn im heutigen Evangelium erkennen wir, was er uns lehren und beibringen will, vor allem frei zu sein, sich nicht an Dinge zu binden, die uns zu sehr an die Vergangenheit ketten. Er will uns besonders auch lehren, gut zu sein. *Mensch sein, ein guter Mensch sein – das ist das Wichtigste in der Welt,* sagt Phil Bosmans.[68]

Dieser enormen Herausforderung können wir nur dann gerecht werden, wenn wir tatsächlich versuchen, christlich zu leben und in allen Lebenssituationen christlich zu bleiben. Ein anderes Mal hat Phil Bosmans gesagt, dass *ein Mensch auf Erden nicht leben kann, wenn er nicht im Kopf oder im Herzen ein Stückchen Himmel hat.*[69]

---

[68] Ph. Bosmans, Worte zum Menschsein, op. cit., S. 29.
[69] ibidem, S. 27.

Vierzehnter Sonntag

Liturgischer Gruß:

Der Herr, der uns immer dorthin sendet, wo wir gebraucht werden, sei mit euch.

Kyrie-Rufe:

Herr Jesus Christus,
deine Botschaft der Liebe und des Friedens gilt allen,
die guten Willens sind.
Deine Botschaft geht vor allem uns an, damit wir in unserer
nächsten Umgebung eine Welt schaffen, in der es sich
wirklich leben lässt.
Deine Botschaft sollte durch uns realisiert werden,
wir aber sind oft zu träge dazu.

Gedanken
zum **Evangelium** nach **Lk 10,1-12.17-20**

Das Reich Gottes ist euch nahe

Der Auftrag an die Jünger ist klar und eindeutig. Sie sollen für das Wirken Christi den Boden bereiten. Vorbereitung setzt voraus, dass eine Sache noch nicht fertig ist, sondern erst beginnt.

Der Vorbereitende wird nicht dem Ausführenden gleichen. Auch in diesem Fall können die Jünger ihren Meister nicht ersetzen. Ihnen ist aber die große Aufgabe der Ermöglichung eines gelungenen Starts aufgetragen.

Der Zugang zu Jesus wird durch die Jünger geschaffen. Damit ist doch eine besondere Auszeichnung und Auserwählung verbunden, nämlich der Gesandte eines Meisters zu sein.

Wir können uns fragen, warum Jesus gerade 72 Jünger (Lk 10,1) auswählt.

Die Bibelausleger sind sich nicht einig, ob es 70 oder 72 gewesen sind. Im Gegensatz zu der Anzahl von »zweiundsiebzig« berichten zahlreiche alte Textzeugen von »siebzig«.

Die Zahl 70 würde auf die biblische Völkerzahl (Gen 10) verweisen.

Da die neueste Übersetzung der Texte der Evangelien an die Zahl 72 anknüpft, möchte ich auch dabei bleiben und auf zwei Anhaltspunkte unsere Aufmerksamkeit lenken.

1. Die Zahl 72 ist das Sechsfache von 12. Das bedeutet, dass Jesus insgesamt 7 x 12 auserwählt hat (Apostel + Jünger).
   Die Zahl 7 hat eine besondere symbolische Bedeutung gehabt (z. B. 7 Tage der Schöpfung, 7 Wochen der Fastenzeit, 7 Wochen nach der Auferstehung bis zur Sendung des Hl. Geistes).
   Auch in diesem Fall kann ihr sehr wohl diese Bedeutung zukommen.

2. Die Zahl 70 soll an die damals bekannten Völker anknüpfen. Die übrig gebliebene Zahl 2 wird vielleicht andeuten, dass die Verkündigung der Frohen Botschaft weit darüber hinausgehen würde. In diesem Zusammenhang gewinnen die Worte *»Geht hinaus in die ganze Welt und verkündet das Evangelium allen Geschöpfen!«* (Mk 16,15) ihre Bedeutung, denn Christi Leben, sein Tod und seine Auferstehung sollen allen Menschen zum Heil und zum erfüllten Leben verhelfen und auf das ewige Leben verweisen.

Eine andere Frage, die sich aus der Sendung der Jünger ergeben kann, ist die: Warum schickt Jesus die Jünger paarweise aus? Diese Art der Sendung erfolgt, damit die Gesandten als seine Zeugen glaubhaft wirken können. Nur zu zweit oder zu dritt kann ein Zeugnis rechtsgültig sein.

Den Grund für die Sendung stellt die vorhandene große Ernte dar. Es ist noch kein Verdienst des Arbeiters, dass bei der Ernte reiche Erträge zu gewinnen sind. Er soll aber so ernten, dass nichts verloren geht. Ein schlechter Arbeiter kann auch bei guter Ernte vieles veruntreuen, ein guter dagegen wird bei schlechter Ernte das Kleinste, Zarteste und das Wenige behutsam einsammeln und in die Scheune bringen.

Jesus bedient sich der Menschen.

Jeder soll zuerst Mensch für die Menschen sein. Das Menschsein ist also maßgebend, damit der Jünger Christi Menschen für Gott gewinnen kann.

Jesus verbot, dass die Jünger unterwegs jemanden grüßten. Somit wollte er wahrscheinlich, dass diese ihre Aufmerksamkeit auf die Botschaft der Liebe und des Friedens und nicht anderswo hinwendeten. So hätte nämlich einer durch seine orientalische Grußhöflichkeit und dem daraus folgenden Gespräch doch von der Sache abgelenkt werden können. Das Grüßen ist eindeutig eine Form der Höflichkeit. Die Sendung der Jünger ist natürlich mit Freundlichkeit gepaart, sie fordert dennoch darüber hinaus ein völliges Engagement der Betroffenen unter Einsatz ihrer Kräfte und ihrer Zeit.

Die Arbeit der Gesandten ist nicht immer angenehm und läuft nur selten in einer für sie schmeichelhaften Weise ab. Gerade diese schwierige Sendung hat damals wie auch heute großes Hinantstellen der eigenen Wünsche und Bedürfnisse verlangt.

Nicht der, der den Menschen gefällt und den Applaus erntet, wird gelobt und bevorzugt, sondern der, der Früchte bringt. Diese wachsen doch unauffällig und lautlos.

Ein Christ darf also keine Gelegenheit, dem Auftrag Christi gerecht zu werden, versäumen.

Fünfzehnter Sonntag

Liturgischer Gruß:

*Der Herr, der will, dass wir in jedem einen Nächsten entdecken,
sei mit euch.*

Kyrie-Rufe:

*Herr Jesus Christus,
du willst aus uns »Samariter« machen;
    wir aber sind nicht immer bereit, jedem und zu jeder
    Zeit zu helfen.
Du hast uns gezeigt, wer unser Nächster ist;
    wir aber zögern, in einem Hilfesuchenden
    einen solchen zu erkennen.
Dank dir wissen wir, dass unsere Liebe und unsere Hilfsbereit-
    schaft weder durch ein Gesetz noch durch irgendeine andere
    Vorschrift eingeschränkt oder beeinflusst werden dürfte;
    wir neigen dennoch dazu, uns nicht über die
    Höflichkeitsgrenze hinauszubewegen.*

Gedanken zum **Evangelium** nach **Lk 10,25-37**

*Meister, was muss ich tun, um das ewige Leben
zu gewinnen?*

Es handelt sich um eine wunderbare Frage, die der Gesetzeslehrer Jesus stellt, bei der keine Kleinigkeit, sondern die Teilhabe am ewigen Leben angesprochen wird. Für den Schriftgelehrten gibt es in diesem Fall keine Alternative. Ihm geht es um Sein oder Nichtsein, also um das Wesentliche der ganzen menschlichen Existenz. Deshalb fragt er präzis, was er tun muss, aber nicht, was er tun könnte oder sollte.

Allgemein heißt es, dass man nach dem Tod weiterleben muss. Da gibt es auch keine Alternative, ob jemand dies annehmen will oder nicht.

Der Gesetzeslehrer bezeichnet die Teilhabe am ewigen Leben als Gewinn. Diesen kann man jedoch nur zu dem Vorhandenen dazubekommen.

Aus einem Nichts wird auch nichts gewonnen. Gewinn hat schon immer mit Einsatz und Bereitschaft zu tun gehabt.

Es ist allen klar, dass der Verlust das Gegenteil zum Gewinn darstellt. Logischerweise kann man auch das ewige Leben verlieren, wenn man nicht rechtzeitig den Blick auf das Zukünftige lenkt. Dies wäre die größte Tragödie des Menschen.

Bedenken wir eines:

Was doch die Menschen in der Gegenwart alles unternehmen, um etwas gewinnen zu können! Sie wenden verschiedene Tricks und Zahlenkombinationen an, vor allem in der Hoffnung, ein paar Euro zu ergattern. Viele betrügen sich selbst mit der Vorstellung, dass ihnen vielleicht, wenn nicht diesmal, so doch das nächste Mal ein Gewinn zuteil würde.

Ich kenne keinen einzigen Menschen, der verlieren will, sei es bei einer sportlicher Leistung, sei es im Materiellen, sei es bei einer geistigen Leistung oder beim Einsatz für alles Gute, Wahre und Schöne. Viele geben sich die größte Mühe, zum Hab und Gut noch etwas dazuzuerwerben. Genauso geht es uns mit unserer Persönlichkeit und mit unserem Wissen. Wir möchten eine ständige Bereicherung. Und das ist natürlich und richtig. Niemand will an Ansehen oder Hochschätzung verlieren. Keiner will eine liebe und nahestehende Person verlieren. Viele können sich das Leben ohne einen bestimmten Menschen nicht vorstellen. Das ist bewundernswert und gut so. Ich kenne keinen Menschen, der etwas in eine Sache investiert, wenn er von vornherein weiß, dass ein sicherer Verlust zu erwarten ist. Dies wäre ein verkehrtes Verlangen.

Wenn wir so sehr auf irdischen Gewinn bedacht sind, wenn uns so viel daran liegt, zu gewinnen, dann dürfen wir schon gar nicht die Worte außer Acht lassen: *»Meister, was muss ich tun, um das ewige Leben zu gewinnen?«*

Die Antwort Christi ist wie bei vielen anderen Gelegenheiten klar und eindeutig. Er weist auf das Gebot der Liebe hin, auf die Gottes- und die Nächstenliebe. Diese beiden Arten der einen Liebe sind untrennbar miteinander verbunden. Durch ihre Einheit, die in der Gottesliebe ihren Ursprung hat, kann die menschliche Liebe ihre Realisierung finden.

Niemand kann also behaupten, dass es ihm genüge, nur die Menschen zu achten und zu schätzen, Gott aber auf die Seite zu schieben. Hier irren alle, die rein humanistische Ideen vertreten. Eine halbe Sache wird immer eine halbe Sache bleiben. Ein halber Weg kann nie zum Ziel führen. Daher müssen wir öfter die Frage an den Herrn richten, was wir persönlich tun müssten, um das ewige Leben zu gewinnen. Vielleicht sollten wir nur sensibler in der Gottes- und Nächstenliebe werden.

Wie wichtig der jeweils Nächste für die eigene Beziehung zu Gott werden kann, erklärt Jesus dem Gesetzeslehrer mit einer beispielhaften Erzählung vom Mann, der Opfer eines Raubüberfalls geworden ist. Da wird das Hintansetzen der eigenen Person, das weder der Priester noch der Levit geschafft hat, vom Heiden aus Samarien in rührender Weise vollzogen. Wie er selbst gerne behandelt worden wäre, wenn ihn dieses Unheil getroffen hätte, so liebevoll kehrt er sich in der hilfreichen Hinwendung zum Nächsten seinem Gott zu.

Aus der Bestätigung, die der Gesetzeslehrer gibt, dass dieser Fremde der wahre Nächste gewesen ist, erteilt Jesus ihm den Auftrag, ebenso zu handeln. Und diesen Auftrag erteilt Gott heute auch uns.

Sechzehnter Sonntag

Liturgischer Gruß:

Der Herr, der uns anspornt, ihm zuzuhören,
sei mit euch.

Kyrie-Rufe:

Herr Jesus Christus,
der Aufbruch nach innen soll uns immer helfen,
zur richtigen Erkenntnis zu gelangen.
Die weltlichen Angelegenheiten und das Gewirr der jetzigen Zeit
dürfen auf keinen Fall Oberhand über uns gewinnen.
Das Licht deiner Gnade lässt uns wahrnehmen,
was gerade jetzt für uns wichtig und maßgebend ist.

Gedanken
zum **Evangelium** nach **Lk 10,38-42**

Eine Frau namens Marta nahm ihn freundlich auf

»Sein Leben war Arbeit« liest man bisweilen in Todesanzeigen. Er hat sein ganzes Leben gearbeitet. Genau das könnte am Lebensende eines Ochsen auch bilanziert werden, sagt Wunibald Müller.[70]
Er hat in einer übertriebenen Weise das ausgedrückt, was manche Menschen tatsächlich in die Tat umsetzen.
Dabei geht es weder um den Fleiß noch um die Tüchtigkeit – diese zählen zwar zu den schönsten Tugenden –, sondern um Übertreibung in jener Art und Weise, dass der Mensch zum Sklaven seiner Beschäftigung wird.
Dass eine bestimmte Wertordnung, die den Menschen in seinem Menschsein gelten lässt, zu wahren ist, darf niemand aus den Augen verlieren.
Um der Versklavung durch die Beschäftigung nicht zum Opfer zu fallen,

---

[70] vgl. W. Müller, Gönne dich dir selbst, Münsterschwarzach 2002, S. 66.

braucht jeder die Zeit der Muße, der Entspannung und der Sammlung neuer Kräfte, um eine innere Ausgeglichenheit zu erlangen.

Ein Sprichwort sagt: *Der Mensch lebt nicht, um zu arbeiten, er arbeitet, um zu leben.* Viele vergessen leider darauf.

Die Erkenntnis der Wichtigkeit all dessen, was wir tun und wonach wir unser Leben ausrichten, gehört als unverzichtbarer Bestandteil zur menschlichen Existenz.

Natürlich kann man im gewissen Sinn ohne Arbeit nicht leben, dennoch geht es eigentlich um viel mehr.

Die Szene aus dem Evangelium bleibt in ihrer Einfachheit und Spontaneität beeindruckend. Wir wissen, was die Worte Jesu nicht nur in der angesprochenen Situation, sondern wahrhaftig bedeuten.

Auf Marias Vorwurf antwortet Jesus mit Klarheit, die jeder versteht. Ja, es gibt noch etwas Wichtigeres im Leben als die Sorge um ein perfektes Funktionieren des Haushalts oder um die Erledigung jeglicher Arbeit.

Schenke deine Zeit dem Menschen!

Gib ihm ein Stück von dir selbst und nicht von deinem Können, indem du ihm deine Aufmerksamkeit schenkst!

Eine Sache befriedigt. Ein Mensch macht glücklich.

Wenn du einen Gast hast, *»Gönne dich dir selbst«.*[71]

Diesen Slogan könnten wir ruhigen Gewissens auch aus der Reaktion Jesu herauslesen.

Du und dein Gast, ihr seid viel wichtiger als die ausgezeichneten Speisen und die edlen Getränke.

Die symbolische Bedeutung dieser Szene geht tiefer als die äußeren Begebenheiten.

Gönne dir Zeit mit Jesus! Diese wird dir niemand mehr nehmen. Gönne dir Zeit zum Ausruhen vor ihm und mit ihm!

Niemand und nichts kann ihn ersetzen.

Somit gelangen wir zum Kernpunkt der Aussage Jesu, die für uns Menschen des 21. Jahrhunderts, für Menschen, die in Hektik und in innerer Zerrissenheit leben, Heilung und Frieden schenken kann.

Der Herr ist im Tabernakel stets gegenwärtig und bereit, dich zu empfangen.

———

[71] W. Müller, Gönne dich dir selbst, op. cit.

Komm vor ihn, setz dich hin oder knie nieder!

Wähle das Bessere, das Notwendige, das deinem Leben Halt und Kraft gibt!

Wenn du aber die Gelegenheit hast, ihn anzubeten, säume keinen einzigen Augenblick, denn die Anbetung, die Bewunderung und Anerkennung des Göttlichen wird auf dich unausweichlich zurückkommen. Du wirst in dir das Göttliche entdecken und walten lassen.

Ein Ort der Begegnung mit Gott oder mit Jesus Christus ist die Anbetung, sagt Anselm Grün. *Das Phänomen der Anbetung gibt es in allen Religionen ... In der Anbetung falle ich vor Gott nieder, weil Gott Gott ist. Ich will nichts von ihm erbitten, ich will durch die Anbetung auch nichts erreichen, weder schöne Gefühle noch Gelassenheit und Ruhe. Ich spreche in der Anbetung nicht über meine Probleme, ich lobe mich nicht, ich tadle mich nicht, ich falle einfach vor Gott nieder, weil er mein Herr ist, weil er mein Schöpfer ist.*

Und er fährt fort: *In der Anbetung bekenne ich, dass ich ganz und gar von Gott abhängig und mit allen Fasern meines Wesens auf ihn bezogen und angewiesen bin, dass ich nichts in mir habe, was ich nicht von ihm empfangen habe. Und ich bekenne, dass er mein Herr ist, das Ziel meiner Sehnsucht. Es bleibt mir nichts anderes übrig, als staunend und anbetend vor ihm niederzufallen.*[72]

---

[72] A. Grün, Wenn ich in Gott hineinhorche, Mainz 1998, S. 149-150.

Siebzehnter Sonntag

Liturgischer Gruß:

Der Herr, der uns lehrt, ihm völlig zu vertrauen,
sei mit euch.

Kyrie-Rufe:

Herr Jesus Christus,
- durch dich wissen wir, dass im Bittgebet die
Übereinstimmung Gottes mit unserem Wollen
unbedingt berücksichtigt werden soll.
- du sagst uns, dass das Gebet des Herzens
und nicht das Lippenbekenntnis wichtig ist.
- du willst, dass wir uns nicht nur in einer
Notsituation an dich wenden sollen.

Gedanken
zum **Evangelium** nach **Lk 11,1-13**

Herr, lehre uns beten!

Der gegenwärtige Mensch braucht kaum etwas zu erbitten. Er ist überzeugt, sich selbst alles schaffen und richten zu können. Und doch ist die Sprache Jesu, die aus den orientalischen Bräuchen gewachsen ist, auch der jetzigen Generation nicht fremd.

Was uns fehlt, ist die Sehnsucht nach einem erfüllten Leben, nach Werten, die weder der Wohlstand mit seinen materiellen Gütern noch andere Menschen uns geben können.

Unsere Bedürfnisse sind anders als die der Zeitgenossen Jesu. Sie sind aber vorhanden. Vielleicht sind wir bedürftiger als die Menschen je zuvor. Es fehlt uns anscheinend nichts, und trotzdem bleiben wir unzufrieden und unsicher.

Weshalb? Wahrscheinlich räumen wir Gott doch zu wenig Platz in unserem

Leben ein. Möglicherweise pflegen wir nicht ausreichend das Gespräch mit ihm, das Gebet also.

Wir beobachten in unserer Zeit, die durch die Technik beherrscht wird, dass die zwischenmenschlichen Beziehungen zu kurz kommen, weil viele das Kommunizieren verlernt haben.

Diese Haltung zieht nach sich, dass es schwieriger wird, regelmäßig zu beten, weil das Gespräch, das Miteinander-Reden überhaupt schwieriger geworden ist. Die Leute getrauen sich manchmal gar nicht, mit anderen zu reden, noch weniger, wenn es um ihre persönlichen Belange und Probleme geht.

Wie wichtig jedoch das Gespräch sein kann, wissen wir alle. Ohne miteinander zu reden, werden wir uns immer mehr verschließen, in der Folge aber mit manchen Problemen, die auf uns zukommen, nicht fertig werden. Somit können wir erkennen, welche Bedeutung und welchen Wert das Gebet darstellt.

Das heutige Evangelium führt uns das Herzstück des christlichen Betens, das Vaterunser, vor Augen.

Für Christus gehört das Gebet zur Selbstverständlichkeit. In ihm entsteht nicht die Frage wie in der Mutter, die ihren erwachsenen Sohn angesichts seiner Probleme zu fragen wagt: »Betest du auch noch manchmal?«

Jesu Überzeugung von der Fähigkeit des Betens geht in eine Empfehlung, sogar in eine Verordnung über: »Wenn ihr betet, dann sprecht...«

Und wir wissen, wie wir beten sollen.

Dieses Mustergebet ist so einzigartig komponiert und so ausgewogen, dass es an Tiefe und Bedeutung gewinnt, je mehr wir uns in seinen Wortlaut versenken und aus seinem Geist leben. Schon mit der Anrede »Vater« wird eine wohltuende Stimmung geweckt; denn alles dürfen wir diesem Vater anvertrauen, auch das und gerade das, was man mit dem verständnisvollsten Menschen, mit dem besten Freund, mit dem Geliebten nicht mehr besprechen kann.[73]

Bleiben wir einen Augenblick bei vier Vaterunser-Aufforderungen, um sie kurz zu erläutern.

»Dein Name werde geheiligt.« Gott gebühren Respekt und Hochachtung.

---

[73] R. Stertenbrink (Hg.), Lichtsekunden, op. cit., S. 177.

Wir wissen, wie es uns ergeht, wenn wir von den anderen niedergemacht, erniedrigt werden oder wenn man uns mit Verachtung begegnet. Erweisen wir also auch Gott unsere Achtung und Ehrfurcht!

»Dein Reich komme.« Dieses Reich Gottes, das Reich der Gerechtigkeit, des Friedens und der Güte brauche ich nicht in der Ferne oder nebenan zu suchen. Dieses Reich muss in mir beginnen. Auf diese Weise wird der Aufforderung des Herrn Rechnung getragen.

»Unser tägliches Brot gib uns heute.« Diese Bitte bezieht sich bei uns gerade nicht auf die tägliche Nahrung, weil wir im Überfluss leben. Wichtiger wäre es, das Herz vor den Armen und Bedürftigen, vor allem vor den Hungernden in der Welt nicht zu verschließen. In dieser Bitte klingt auch die Sehnsucht nach dem lebendigen Brot an, das uns für das ewige Leben nährt.

»Und vergib uns unsere Schuld, wie auch wir vergeben unseren Schuldigern.« Haben wir schon gelernt, richtig zu verzeihen? Ertappen wir uns nicht immer wieder, dass das Verzeihen nicht so einfach funktioniert? Und doch verleihen wir uns in jedem Verzeihen eine Chance für einen neuen Anfang.

So jemand sich tatsächlich mit dem Gebet schwer tut, sollte er den Worten von Jörg Zink Beachtung schenken.

Wenn du nicht weißt, was du beten sollst, schreibt er, *dann lass die Worte vom Vaterunser an dir vorüberziehen – auf einer Bank im Park, am Schreibtisch oder an der Nähmaschine. Es kommt Ordnung in deine Gedanken, Klarheit in deine Seele. Frieden. Nimm eine dieser Bitten heraus und betrachte, was alles in ihr liegt. Du kannst am Ende sagen: »Du bist im Himmel. Ich bin auf der Erde. Du hast mich auf diese Erde gesetzt. Du behütest mich. Du begleitest mich. Zeige mir meine Wege. Ich danke dir, dass du da bist.« Mehr muss es nicht sein.*[74]

---

[74] vgl. J. Zink, Die goldene Schnur, Stuttgart 1999, S. 195-196.

Achtzehnter Sonntag

Liturgischer Gruß:

*Der Herr, der uns die bleibenden Schätze ins Bewusstsein ruft,
sei mit euch.*

Kyrie-Rufe:

*Herr Jesus Christus,
- verzeih uns, dass wir so oft an das Materielle gebunden sind.
- vergib uns, wenn wir Sicherheit und Schutz im Haben suchen.
- rüttle uns auf, sollten wir durch Besitz eingeengt
    oder gefangen genommen sein.*

Gedanken
zum **Evangelium** nach **Lk 12,13-21**

Gebt acht, hütet euch vor jeder Art von Habgier

Es ist nicht zu übersehen, dass die Menschen mit allen möglichen Anliegen zu Jesus kamen. Sie suchten bei ihm Trost, Genesung, innere
Stärkung und Erfüllung ihrer Wünsche; sie erwarteten von ihm das, was
die anderen nicht zu geben imstande waren.
Jesus ging jedoch nicht immer auf die menschlichen Forderungen ein.
Er half, wo echtes Bedürfnis bestand; er blieb aber hart und unnachgiebig
bei jenen, die ichbezogene Interessen verfolgten.
Der Mann aus dem heutigen Evangelium tritt an Jesus mit der Bitte heran,
er möge den Streit zwischen ihm und seinem Bruder schlichten.
In Jesu Reaktion und in seiner Antwort erkennen wir, wie unnötig ein
Streit und wie unwichtig die Erfüllung eines Wunsches nach materiellem
Besitz sein können. In dem erzählten Fall handelt es sich bei dem For-
dernden sicherlich nicht um einen, der die Erbschaft zum Lebensunterhalt
gebraucht hätte, sondern um eine Forderung des ihm zustehenden Teils.
Nicht umsonst richtet nämlich Jesus an die Anwesenden seine weiteren

Worte, aus denen wir entnehmen, dass der Sinn des Lebens nicht im Überfluss und im Haben zu suchen und zu finden ist. Häufig werden im Streit, aber oft schon in Zwist und Zank nur die eigene Unzufriedenheit, sogar Neid, Missgunst und Habgier zum Ausdruck gebracht.

Um wie viel könnte das Leben ruhiger, problemloser, schöner, angenehmer und glücklicher sein, wenn die Menschen den anderen keine Belastungen auferlegten oder keine Konfliktsituationen entstehen ließen! Manchmal scheinen diese Anmaßungen und Überheblichkeiten bei oberflächlicher Betrachtung unbedeutend zu sein, in Wirklichkeit aber ist für viele, was ihnen boshafterweise angetan wird, zermürbend.

Das menschliche Leben würde nicht nur erträglicher, sondern tatsächlich lebenswerter sein, wenn die Menschen ihre Handlungen und Taten nach dem Gebot der Liebe ausrichteten. Durch gezielte und bewusste Überlegungen, die sich an den richtigen Werten orientieren, könnte jeder danach streben, das zu tun, was für das Leben tatsächlich maßgebend ist, und er würde vom wertlosen und sinnlosen Treiben oder Verlangen Abstand nehmen.

Wie viel Unnötiges belastet die Wege unseres Alltags!

Wie viel Gesundheit kostet oft das Verhalten von Menschen, die rücksichtslose Handlungen setzen, die nicht einmal einer geringen Beachtung wert sind!

Wie viele ruhelose Nächte werden jenen zuteil, die innerlich empfindsam sind und sich mit manchen entstandenen Situationen nicht abfinden können!

Wie viel Streit spaltet Familien wegen mancher Kleinlichkeiten und wie viele Ehen gehen kaputt, weil einer dem anderen das Leben unerträglich macht!

Wir wissen, welchen Preis die Menschen zahlen, die streitsüchtig, unnachgiebig oder eigenwillig sind, und wie viel nicht reparierbarer Schaden dadurch entsteht.

Darum lasst uns aus der dargestellten Situation lernen,
- dass die Beziehungen zu unseren Mitmenschen, besonders zu den Verwandten, über allem Materiellen stehen sollen,
- dass eine Erbschaft nicht immer segensreich oder »bereichernd« sein muss,

- dass man alle Streitigkeiten doch selbst beenden und beseitigen müsste, ohne den Herrn zur Verantwortung zu ziehen. Wo die Menschen selbst ihre Vorhaben erledigen können, dort sollten sie das Eingreifen Gottes nicht ersehnen.

Falsche Einstellungen sollten letztlich durch die Vernunft und ja nicht durch Gefühle, die hochgehen können, besiegt werden.

Die praktische Antwort Jesu möge uns helfen, zuerst selbst zu versuchen, soweit es geht, alles in Ordnung zu bringen. Wir dürfen die Worte des Herrn »*Wenn du deine Opfergabe zum Altar bringst und dir dabei einfällt, dass dein Bruder etwas gegen dich hat, so lass deine Gabe dort vor dem Altar liegen; geh und versöhne dich zuerst mit deinem Bruder, dann komm und opfere deine Gabe*« (Mt 5,23-24), in denen der Versöhnlichkeit höchster Stellenwert eingeräumt wird, nicht vergessen.

Wir Menschen hätten doch so viel Wichtigeres und Wertvolleres mit dem Herrn zu besprechen, als ihm nur Klagen und unwesentliche Bitten vorzutragen. Jesus will und wird uns sicherlich helfen, dass wir uns in erster Linie von allen Belastungen und Einengungen des Lebens befreien können, um ein glückliches Leben zu haben, das auf die Ewigkeit ausgerichtet ist, also Ewigkeitswert besitzt.

Neunzehnter Sonntag

Liturgischer Gruß:

Der Herr, der uns klarmachen will, dass dort, wo sich unser Schatz befindet, auch unser Herz ist, sei mit euch.

Kyrie-Rufe:

Herr Jesus Christus,
du hast uns viele Begabungen geschenkt und uns mit vielen
Möglichkeiten ausgestattet; wir bringen nicht immer
die Leistungen, die dir wohlgefällig sind.
Deine Botschaft ist unser Lebensschatz, wir suchen oft
anderswo Lebensstützen und Hilfen.
Du willst, dass wir die materiellen Werte und das
Weltgeschehen mit den Augen des Glaubens betrachten;
uns fehlt jedoch der Mut, nach der Weisheit des
Evangeliums tagtäglich zu leben.

Gedanken
zum **Evangelium** nach **Lk 12,32-48**

Verschafft euch einen Schatz, der nicht abnimmt!

Eine gewisse Radikalität prägt das Verlangen Jesu nach dem Teilen unseres Besitzes. Obwohl Christi Sorge immer den ganzen Menschen betrifft, merken wir, wie wichtig dem Herrn sowohl für die Besitzenden als auch für die unter Mangel Leidenden eine großherzige und willige Weitergabe von materiellen Gütern ist, allein schon die Bereitschaft zu einer ungezwungenen Teilung des eigenen Hab und Gutes, damit vielen Notleidenden, vielleicht sogar einmal allen, ein würdiges Dasein ermöglicht werden kann.

Im heutigen Evangelium spricht Jesus einerseits einen heiklen, andererseits einen brennenden Punkt an. Einen heiklen, weil wir beim Anschauen der Weltverhältnisse gleich entdecken, wie nur ein kleiner Prozentsatz an Menschen den größten Anteil am Reichtum hat, den sie nicht im Geringsten mit anderen teilen würden, und einen brennenden, weil Millionen von Menschen noch heute unter der Armutsgrenze leben, ohne dass sie tatsächlich in dieser Armut leben müssten.

Christi Wort ist trotz oder wegen der großen Unterschiede an alle gerichtet, die es verstehen wollen und bereit sind, sich von ihrem Besitz zu lösen. In erster Linie wendet sich Jesus an uns, die wir sein Wort ernst nehmen und danach zu leben versuchen, weil wir wissen, wie vergänglich die Güter dieser Welt sind und wie wertvoll das menschliche Leben ist.

Wir müssen uns nicht unbedingt zu den Reichen oder Wohlhabenden zählen. Für uns soll das Bewusstsein gelten, dass wir uns tatsächlich in einer glücklichen Lage befinden und mit anderen das teilen dürfen, was wir nicht unbedingt brauchen oder worauf wir freiwillig verzichten wollen. Wir sind als Getaufte und Gefirmte durch und durch von Jesu Wort und von seiner Botschaft geprägt und müssten eigentlich nur christlich leben und handeln.

In dieser unserer Einstellung wurzelt zugleich auch unsere menschliche Freiheit, die viel mehr als aller Besitz und aller Reichtum bedeutet.

Sowohl die erfahrbare Freiheit als auch die gelebte Liebe fangen dort an, wo der Mensch bereit ist, von sich etwas oder sogar vieles den anderen zu überlassen.

Wie gut und wie schön es ist, wenn wir von unserem Besitz weitergeben wollen! Wir müssen nicht wie die Witwe aus Sarepta handeln, die aus ihrem letzten Vorrat, einer Handvoll Mehl, dem Propheten Elija das Brot gebacken hat (vgl. 1 Kön 17,12).

Wie gut und wie schön ist es, dass wir die Möglichkeit und die Gelegenheit haben, mit den Bedürftigen zu teilen, weil dank der Kirche und ihrer Organisationen den Ärmsten der Armen an Ort und Stelle das Leben erleichtert und ihnen neue Hoffnung auf ein besseres Leben ermöglicht wird! Die Kirche leistet der Armut einen echten Widerstand, indem sie durch die selbstlose Hilfe ihrer Gläubigen auch dort einspringen kann, wo niemand zu helfen bereit ist.

In der jetzigen Welt – und da vor allem in der Wirtschaft – wird keinesfalls direkt an den Menschen gedacht. Profit- und Gewinndenken stehen im Vordergrund. Die Sprache des Geldes wird immer deutlicher zur Sprache der Menschen. Die Sprache der Reichen bewegt sich häufig auf der Ebene des Mehr-haben-Wollens.

Die Sprache der Christen bleibt dagegen die Sprache der Liebe, die unter anderem das Weitergeben und Teilen fordert. Deshalb ruft uns Christus zur Wachsamkeit auf, damit wir jene Worte nicht vergessen: Gib heute, was du geben willst! Du weißt eben nicht, ob du dazu morgen noch imstande bist. Genieße heute die Freude des Gebens, warte nicht auf eine andere Gelegenheit, die du vielleicht nicht mehr erleben wirst!

Genauso sollen uns die Worte des Evangeliums vom vorigen Sonntag in Erinnerung bleiben: *»Wem wird all das gehören, was du angehäuft hast?«* (vgl. Lk 12,20).

Nur derjenige, der weiß, worauf es in diesem Leben ankommt, wird sich immer wieder nach Christi Wort ausrichten und kein verkrampftes, also verschlossenes, sondern ein offenes Herz haben.

Zwanzigster Sonntag

Liturgischer Gruß:

Der Herr, der eine gewisse Radikalität nicht scheut,
sei mit euch.

Kyrie-Rufe:

Herr Jesus Christus,
das Feuer deiner Liebe hast du auf die Erde geworfen,
damit es brenne und verwandle, wir aber bleiben oft lau
und unberührt.
Du willst uns dazu anspornen, dass unsere Lebenseinstellung
aufgrund des Glauben und der christlichen Überzeugung
entsteht; wir vertrauen aber immer wieder unseren
eigenen Kräften.
Du möchtest, dass unser Herz brennt, damit Licht und
Wärme uns selber erfüllen und auf unsere Umgebung
ausstrahlen; wir denken allerdings im Alltag
immer zu wenig an diese besondere Herausforderung.

Gedanken
zum **Evangelium** nach **Lk 12,49-53**

Verschafft euch einen Schatz, der nicht abnimmt!

Obwohl der Inhalt der Rede Jesu in seiner symbolischen Art überspitzt erscheint, sollen wir an der Konkretisierung seiner Taten nicht zweifeln. Beim Hören des vorgetragenen Textes könnten wir den Eindruck einer ungewohnten und befremdenden Absicht Jesu gewinnen, besonders dann, wenn wir uns das Bild eines vernichtenden Feuers drastisch vorstellen oder die tatsächlichen Spaltungen in den Familien erleben. Es wäre jedoch undenkbar, eine böse Absicht bei Jesus zu vermuten, noch unvorstellbarer, eine zu entdecken.

Was steht also hinter der Aussage über Feuer und über Zwietracht?

Wir müssen mit einem geschärften Blick zwischen Symbolik und Wirklichkeit unterscheiden.

Die allererste Absicht des Herrn geht zweifellos in Richtung einer positiven Veränderung. Er sehnt sich danach und es würde ihn froh machen, wenn seine Anwesenheit bald sichtbare Folgen aufzuweisen hätte. Er will die Menschen aus ihrem Schlaf und aus ihrer Bequemlichkeit aufrütteln, damit sie die Umwelt und die Umgebung mit offenen Augen betrachten.

Das durch Jesus »geworfene« Feuer bedeutet in erster Linie das Feuer seiner Liebe, das reinigt und veredelt. Es bedeutet aber sicherlich auch die Vernichtung der Bosheit und der Sünde in dieser Welt. Man kann in dieses Vorgehen, wenn Jesus vom Werfen des Feuers auf die Erde spricht, mehr hineindenken. Er will schon hier und jetzt, wie wir es in den Weinbergen zu tun pflegen, alle Abfälle, das Unbrauchbare, das Verdorrte und Vertrocknete, aus dem nichts mehr zu machen ist, vernichten, um vielleicht doch eine neue Chance zu schaffen.

Solang es nämlich gewisse reinigende Abläufe auf der Erde gibt, besteht immer die Möglichkeit eines Neuaustreibens und Neubeginns. Im zukünftigen jenseitigen Leben kann es für vieles zu spät sein.

In gleicher Weise können wir die Entzweiung in der Familie sehen. Schon das Bemühen zählt, wenn jemand auch nur aufgrund der Lehre Jesu und seiner Nachfolge beim Guten bleiben und nach dem Gebot der Liebe leben wollte. Sollten aber die anderen ihm zum Hindernis werden, dann müsste er um Jesu willen sich von ihnen lossagen. Man sollte für die Pflege einer Beziehung oder einer Freundschaft viel einsetzen und viel opfern, aber nur dann, wenn eine Aussicht auf eine Besserung und eine Änderung besteht. Man darf jedoch weder das eigene Leben noch die eigene Gesundheit aufs Spiel setzen, wenn wirklich nichts mehr zu machen ist, wenn ein Mensch das Entgegenkommen nicht im Geringsten gutheißt und darauf eingeht.

So gelten das Wort des Herrn und das Gebot der Liebe zweifellos in all jenen Situationen, wo unsere Hilfe und unsere Liebe gebraucht und angenommen wird. Wir dürfen aber nicht die Perlen vor die Säue werfen (vgl. Mt 7,6), sondern müssen sogar noch den Staub dort zurücklassen (vgl. Mt 6,11 sowie Lk 9,5 und Lk 10,11), wo unser Einsatz und unsere Kräfte missbraucht werden könnten.

Es ist gar nicht leicht, die richtigen Entscheidungen, besonders in der engsten Umgebung oder bei Menschen, die uns am nächsten stehen, zu treffen. Es ist aber zu bedenken, dass Jesus uns persönlich in sein Werk und in seine Vorhaben einbeziehen möchte. Er kann die Welt und die Umgebung dank unseres Einsatzes verändern, indem wir das Böse zu beseitigen und zu vernichten versuchen und dem Guten den Vorzug geben.

Das Brennen des Feuers Christi hängt letztlich von der Intensität unseres Engagements ab. Es kann nicht viel erreicht werden, wenn wir nur lau bleiben. Haben wir selbst mehr Mut, Ausdauer und Standhaftigkeit bei unserem Einsatz, den Willen zur Besserung zu zeigen, dann wird es uns sogar gelingen, mehr zu erreichen, als wir zu vermuten wagen.

Einundzwanzigster Sonntag

Liturgischer Gruß:

Der Herr, dem die Erlösung eines jeden Menschen
am Herzen liegt, sei mit euch.

Kyrie-Rufe:

Herr Jesus Christus,
du willst uns auf die Gefahr, dass wir den Himmel
    verlieren könnten, aufmerksam machen.
Wir dürfen die göttliche Haltung des Schenkens
    nie aus den Augen lassen.
Du spornst uns an, das Gute zu tun.

Gedanken
zum **Evangelium** nach **Lk 13,22-30**

Herr, sind es nur wenige, die gerettet werden?

Die Liebe Gottes schließt keinen Menschen aus. Sie will keinen einzigen verlieren. Sie ist ihrem Wesen nach nicht nur barmherzig und grenzenlos, sondern auch gerecht.

Somit berühren wir den Kernpunkt der Aussage Jesu aus dem heutigen Evangelium, der erneut die Möglichkeit des Verlustes all dessen, was Gott jedem vorbereitet hat, nämlich die volle Teilnahme am seinem Glück und an seiner Freude, vor Augen stellt, und dass doch nicht allen der Zutritt zum Himmelreich gestattet wird.

Das heißt, um bei Gott leben und an seinem Reichtum teilnehmen zu dürfen, müssen bestimmte Voraussetzungen erfüllt werden, die jeder Mensch dank seines Gewissens zu erkennen imstande ist, um diese in seinem Leben auch zu realisieren.

Die Christen müssten sich in dieser Hinsicht viel leichter als die Bekenner anderer Religionen tun, weil sie dank der Offenbarung Jesu Christi die

Wahrheiten, die Jesus klar und deutlich anspricht, erfahren, wahrnehmen und in die Tat umsetzen können.

Der Christ weiß, dass mit dem Tod nicht alles aus ist. Das ist die Grundgewissheit, von der der christlicher Glaube ausgeht. Sie ist im Übrigen, in unterschiedlichen Formen, der ganzen Menschheit gemeinsam. Irgendwie weiß der Mensch: da gibt es noch mehr, da ist noch etwas. Das bedeutet, dass wir eine Verantwortung Gott gegenüber haben, dass es ein Gericht gibt, und dass menschliches Leben entweder recht werden, aber auch scheitern kann.[75]

Wozu wir berufen sind, weiß jeder, nämlich um zu lieben! Gott hat uns berufen, damit wir aus und in der Liebe glücklich sind und andere glücklich machen.

In der gelebten Liebe werden nicht nur Güte, Friede, Barmherzigkeit, Offenheit, Milde, Geduld oder Großzügigkeit einen Platz haben. Die guten menschlichen Seiten tragen im Wesentlichen zum Aufbau des Reiches Gottes hier und da bei. Alle, die Gutes tun, werden schon jetzt Kinder Gottes genannt. »*Wir heißen Kinder Gottes und sind es*«, sagt der Apostel im ersten Johannesbrief (1. Joh 3,1-2).

Wir sind erschaffen, um das zu sein und zu tun, was nur uns und keinem anderen bestimmt ist. Wir haben einen Platz in den Absichten und in der Welt Gottes, den kein anderer einnimmt. Mögen wir arm oder reich, geschätzt oder verachtet vor den Menschen sein, Gott kennt uns und ruft uns bei unserem Namen (John H. Newman).[76]

Was den Menschen von Gott trennt und ihm den Zugang zu ihm versperrt, wissen wir unmissverständlich aus dem Text des heutigen Evangeliums. Es ist weder die Sündhaftigkeit oder die Mangelhaftigkeit noch eine andere menschliche Schwachheit, sondern das bewusst und gezielt getane Unrecht. »*Weg von mir, ihr habt alle Unrecht getan!*« (vgl. Lk 13,27).

Wir werden uns wahrscheinlich dadurch nicht angesprochen fühlen, obwohl auch uns solche Worte nicht fremd sein dürfen: Entschuldige, oder verzeih mir, wenn ich dir unrecht getan habe!

Wenn wir aber die Not und das Leid der Menschen in der Gegenwart

---

[75] vgl. J. Kard. Ratzinger, Gott und die Welt, München 2002, S. 139.
[76] vgl. K. Wagner, Denkanstöße, op. cit., S. 159.

betrachten, kann schon das allein Gänsehaut hervorrufen. Was die Macht-haber an Gewalt und Vernichtungsmethoden anwenden – leider auch unter dem Mantel der Religion – und welche Interessen und Ver-antwortungslosigkeit dahinterstehen, übersteigt jede Vernunft und jedes Fassungsvermögen.

Am 20. Juli 2004 hat man in der ZDF-Sendung »Frontal 21« berichtet, dass es in der Welt zur Zeit 40.000 Waffenhersteller gibt. Für jede Waffe, die heutzutage zerstört wird, werden zehn neue gebaut. Wozu und wofür, weiß jeder genau.

Es ist auch nicht zu begreifen, dass die Menschen sich gegenseitig um-bringen, sogar die Eltern ihre eigenen Kinder.

Das getane Unrecht wird auf Erden nie mehr gutgemacht werden können. Deshalb sind wir erneut aufgerufen, unser Gewissen zu bilden, um von jeder Bosheit Abstand nehmen zu können, damit Gott seine Barmherzig-keit und nicht seine Gerechtigkeit walten lassen muss.

Eigentlich müssten wir schon damit beginnen, unsere Gedanken zu rei-nigen, um dem Unrecht keine Chance zu geben.

Zweiundzwanzigster Sonntag

Liturgischer Gruß:

Der Herr, der uns vor jeder Art der Eitelkeit und
Überheblichkeit warnt, sei mit euch.

Kyrie-Rufe:

Herr Jesus Christus,
du hast uns echte Demut bis zum Äußersten vorgelebt.
Du bist in deinem Wesen nicht nur menschlich,
sondern immer natürlich geblieben.
Du willst, dass unser Tun weder von Überheblichkeit
noch von Hochmut bestimmt werde.

Gedanken
zum **Evangelium** nach **Lk 14,1.7-14**

Mein Freund, rück weiter hinauf!

Wir merken, dass die Aussagen Jesu, auch wenn sie nur in einem Satz zusammengefasst sind, in sich eine solche Tiefe bergen, die genügend Anstoß zum weiteren Nachdenken bietet.

Jeder, der den Worten des Herrn gegenüber offen bleibt, kann für die Bildung seiner eigenen Persönlichkeit etwas gewinnen.

Aus der heutigen Erzählung entnehmen wir, dass Jesus die Menschen durchschaut hat, wie sie sich auf die ersten Plätze gedrängt haben. Diese Angelegenheit hat er zum Anlass genommen, während der Festrede auf eine wichtige Gegebenheit, nämlich auf die Bescheidenheit bzw. Uneigennützigkeit, aufmerksam zu machen.

Es gehört zu einem ungeschriebenen Brauch, dass fast bei allen Hochzeitstafeln eine bestimmte Rangordnung eingehalten wird. Auch heutzutage werden die Sitzplätze nach einer gewissen Überlegung bzw. nach bestimmten Kriterien den Gästen zugeteilt.

Zur Zeit Jesu hat man die Plätze nicht nach dem Alter, sondern nach der Würde, dem Ansehen und dem Grad der Verwandtschaft eingenommen. Man durfte sich die Plätze selbst aussuchen.

Das Drängen, die ersten und besten Plätze zu ergattern, ist wahrscheinlich üblich gewesen. Heute wäre es vermutlich auch nicht anders.

Die harten Worte Jesu: »*Wer sich selbst erhöht, wird erniedrigt*« (Lk 14,11) haben sicherlich Betroffenheit, sogar Bestürzung ausgelöst.

Wer will schon, dass man ihm eine Lehre erteilt oder sein Benehmen antastet?

Und doch würden die Menschen ihre Einstellung und ihre Gewohnheiten nie ändern können, gäbe es nicht solche, die ihnen direkt das sagen, was sie für richtig halten.

Manche Bemerkungen, die uns gegenüber gemacht worden sind, haben wir sicherlich nicht vergessen.

Was wir aber aus der angesprochenen Situation für uns gewinnen können, ist zweifellos der Blick nach innen.

In erster Linie handelt es sich um die Entdeckung unserer Talente und Fähigkeiten und um die guten, wertvollen und einmaligen Seiten unserer Persönlichkeit.

In zweiter Linie geht es aber um eine echte Besinnung und um eine selbstkritische Einschätzung unserer Lebenseinstellung, des Umgangs mit den anderen, vielleicht einer gewissen Überheblichkeit, die wir andere spüren lassen.

Die wahre Größe eines Menschen spiegelt sich in Bescheidenheit und in Demut wider. Der Bescheidene bleibt meistens zufrieden und anspruchslos. Er nimmt sein Leben in Freude an und ist dankbar für alles.

Mein Sohn, bei all deinem Tun bleibe bescheiden. Je größer du bist, umso mehr bescheide dich (Jesus Sirach 3,17-18), konnten wir der heutigen Lesung entnehmen.

Über einen Bescheidenen wird man Gutes sagen, über einen Hochmütigen dagegen oft spöttisch, sogar verachtend sprechen.

Eignen wir uns also diesen wunderbaren Charakterzug an und bleiben wir bescheiden den anderen, vor allem aber Gott gegenüber.

Bitten wir den Herrn um die richtige Einsicht und Besonnenheit im Leben, wie John Henry Newman dies getan hat.

Herr, ich brauche dich jeden Tag.
Gib mir die Klarheit des Gewissens,
die dich fühlen und begreifen kann.
Meine Ohren sind taub,
ich kann deine Stimme nicht vernehmen.
Meine Augen sind trübe,
ich kann deine Zeichen nicht sehen.
Du allein kannst mein Ohr schärfen
und meinen Blick klären,
mein Herz reinigen und erneuern.
Lehre mich zu deinen Füßen sitzen
und auf dein Wort hören. Amen.

Dreiundzwanzigster Sonntag

Liturgischer Gruß:

Der Herr, der uns zum Verzicht um seinetwillen anspornt,
sei mit euch.

Kyrie-Rufe:

Herr Jesus Christus,
du willst uns helfen, von jeglichem Gebundensein
frei zu bleiben.
Du verlangst von uns, dich mehr zu lieben als alles andere.
In dir gelangen wir zur Freiheit, durch die in uns das
Göttliche wirksam werden kann.

Gedanken
zum **Evangelium** nach **Lk 14,25-33**

Viele Menschen begleiteten ihn

Die Worte des heutigen Evangeliums, dass wir alles gering achten sollen, klingen hart und lebensfremd. Sie rufen in uns sogar Verwunderung hervor, dass Jesus so etwas überhaupt verlangt.

Genauer gesehen und tiefer betrachtet, handeln diese Worte jedoch vom Ernst des Lebens, vor allem vom Ernst des Christseins.

Den Menschen, die die Botschaft Jesu nicht kennen, fehlen oft der geschärfte Blick und das Bewusstsein, wie wichtig die richtige Sicht der Werte ist. Die Christen, die auf Jesus hören, werden eines Besseren belehrt.

Wir sitzen nicht nur an der Quelle der Wahrheit, die unser Tun und Handeln prägen soll, sondern wir können aus der Quelle der Lebensweisheit schöpfen, die das Leben auf Gott hin richtet. Daher müssten wir uns viel leichter als alle anderen tun, das in die Tat umzusetzen, was Christus gelehrt hat.

Seine Forderung gleicht natürlich einer Herausforderung. Sie bietet uns aber die bestmögliche und erstrebenswerte Gelegenheit an, das Leben in voller Unabhängigkeit und Freiheit zu gestalten, um zum wahren Glück, das in Gott verankert ist, zu finden.

Im Grunde genommen müssten wir uns tagtäglich fragen, was uns heute und jetzt zum echten Glück verhilft. Dazu gehören sicherlich unsere Familie und eine gewisse materielle Sicherheit.

Was uns aber glücklich macht, überschreitet oft die gegebenen Verhältnisse, weil diese nie so vollkommen sein können, wie wir uns dies wünschen oder vorstellen.

Das Streben nach Glücklichsein reicht weit über Besitz, Hab und Gut hinaus. Die materiellen Sachen sollen dazu verhelfen, das Leben einigermaßen erträglich zu gestalten. Sie können uns aber letztendlich nicht glücklich machen, weil das wahre Glück immer nur von einer Person, nicht aber von einer Sache kommt.

So sollten wir uns fragen, worum es Christus eigentlich geht.

Abstand von den Dingen zu nehmen, ja darauf zu verzichten, um Gott zu suchen und zu finden, das ist die Haltung, die sich für jeden Jünger ziemt.[77]

Wer Gott in seinem Leben findet und ihm den ersten Platz einräumt, der hat alles. Jesus geht es zugleich um eine wichtige Angelegenheit, die man nicht übergehen darf, nämlich um das Freisein bzw. um das Freibleiben des Menschen in einem umfassenden Sinn.

In der Familie sind wir nie völlig frei. Die Erwartungen, sogar die Forderungen der uns nahestehenden Menschen werden nicht nur immer größer, sondern manchmal vielfach ungeheuerlich. Natürlich erwartet die Familie eine gewisse Zielsetzung, vor allem sind es auch die Kinder. Diesen darf aber nicht ausschließlich die Sorge unseres Lebens gelten, weil diese zeitlich begrenzt ist.

Erst wenn der Mensch auf seine Bestimmung und sein persönliches Glück nicht vergisst, dass er die Ebene der Familienverhältnisse, dazu die Last des Habens und Besitzens durchstößt, das unnötige Schaffen für sich oder für die anderen, das Müssen, Planen und das Verfügen durchschaut und

---

[77] vgl. R. Berthier, Geistlicher Kommentar, Guegon 2000, S. 257.

auf vieles bewusst verzichtet, wird er als Bereicherter hervorgehen. Er wird vor allem dann glücklich sein, wenn er entdeckt, dass es noch jemanden gibt, der ihn wirklich liebt, nämlich Gott.

Das tägliche Kreuz wird dadurch auch aus seinem Leben nicht verschwinden. Es wird aber leichter und erträglicher, weil es der mit ihm trägt, der es zum Zeichen der Liebe und der Erlösung gewandelt hat.

Jeder muss nur wahrnehmen, dass er Schritt für Schritt mit Jesus durchs Leben geht.

Vierundzwanzigster Sonntag

Liturgischer Gruß:

Der Herr, der sich über jeden freut, der zu ihm zurückfindet,
sei mit euch.

Kyrie-Rufe:

Herr Jesus Christus,
das Glück jedes Menschen liegt dir besonders am Herzen,
*   wir aber suchen in weltlichen Bereichen Freude*
*   und Zufriedenheit.*
Du willst uns in deiner Herde wahre Geborgenheit geben,
*   wir aber nehmen dein Angebot gar nicht so ernst.*
Du willst uns mit Liebe und Güte umgeben,
*   wir aber verlassen uns oft mehr auf andere Menschen*
*   und Dinge als auf dich.*

Gedanken
zum **Evangelium** nach **Lk 15,1-10**

Freut euch mit mir!

Wenn wir vielfach die Sorge der anderen um uns richtig einschätzen
könnten, würden wir staunen, wie viel Liebe, Zeit, Opfer, Geduld und
Ausdauer dahinter stehen.

Es wird uns vielleicht mit der Zeit richtig bewusst, welche Personen unserem Leben Halt gegeben haben und uns immer dann beigestanden sind,
wenn die Lebensstürme uns bis an den Rand gedrängt haben.

So wissen z. B. auch die Eltern am besten, was sie doch für ihre Kinder
getan und unternommen haben und weiterhin machen, damit es ihnen gut
geht.

Die Menschen sorgen sich um die anderen. Sie kümmern sich nicht nur
aufopfernd, sondern auch liebevoll um die ihnen Anvertrauten.

Es ist zugleich schön, zu wissen, dass es jemanden gibt, der sich auch um uns kümmert und uns beisteht. Wir wissen zu schätzen, einen Menschen zu haben, der uns Liebe und Güte entgegenbringt.

Die zwei Beispiele aus dem heutigen Evangelium bezeugen ganz deutlich, was die Liebe und die Zuneigung Gottes uns Menschen gegenüber bedeuten.

Wir können nie vollkommen lieben. Gott dagegen liebt nicht nur vollkommen, sondern grenzenlos und ohne Vorbehalte, egal, wie weit der Mensch sich in seiner Freiheit von ihm entfernen kann.

So ist auch die Sehnsucht Gottes nach dem Verlorenen unbeschreiblich.

Denken wir allein an Personen, die lieben. Was diese nicht alles unternehmen, um einander nahe sein zu können und den anderen stets bei sich zu haben!

Wenn schon Menschen zu vielem fähig sind, um wie viel mehr übersteigen Gottes Zärtlichkeit und seine Liebe jegliche Vorstellung.

Deshalb ist auch seine Freude übergroß, wenn jemand zu ihm zurückkehrt.

In dieser göttlichen Einstellung entdecken wir, wie anders seine Maßstäbe sind als die der Welt. Einem Sünder sind bei Gott immer ein Platz und eine Chance der vergebenden Annahme eingeräumt.

Die gegenwärtige Welt dagegen nimmt vom christlichen, zugleich vom göttlichen Verhalten gar nichts an. Die Massenmedien betreiben vielfach regelrechte Hetze und Jagd auf die Menschen und ihre Vergehen, um sie niederzumachen und zu vernichten.

Somit werden wir bestimmt nicht übersehen, dass weder der Mensch noch seine Würde zählen, sondern einzig und allein die Sensation. Von Freude über eine mögliche Bekehrung und den Neubeginn eines Sünders ist überhaupt keine Rede.

Und doch müssen wir als Christen immer wieder zu jenen Wurzeln zurückkehren, die in unserem Leben durch das Evangelium gelegt worden sind, um eine bessere und menschenwürdigere Welt zu gestalten.

Kyrilla Spiecker hat einmal gesagt: *Zusammen leben heißt, alle Tage miteinander neu beginnen.*[78] Fußt auf dieser Feststellung nicht eine Lebens-

---

[78] vgl. B. u. H. Hug, (Hg.), Wurzeln die uns tragen, op. cit, Gedanken zum 1. August.

weisheit, die uns auch zu echter Lebensfreude verhilft, zu jener Freude, von der der Text dieses Evangeliums spricht?

Können wir uns mit den anderen richtig über ihren Erfolg und ihr Wohlergehen freuen?

Empfinden wir selbst eine Freude aus dem Vollbrachten und Erreichten? *Die Freude ist nicht nur eine Frage des Temperaments im Dienst an Gott und an den Menschen,* hat die sel. Mutter Teresa gesagt. *Freude zu haben ist immer etwas Schwieriges, gerade das ist ein Grund mehr, weshalb wir uns bemühen sollten, dass wir sie finden und dass sie in unserem Herzen wächst. Wir sind sogar physisch darauf angewiesen, Freude zu haben, denn die Freude schenkt uns Kraft.*[79]

---

[79] vgl. M. Teresa, Gedanken für jeden Tag, Freiburg im Breisgau 1994, S. 143.

Fünfundzwanzigster Sonntag

Liturgischer Gruß:

> Der Herr, der uns zur Großzügigkeit im Leben anspornt,
> sei mit euch.

Kyrie-Rufe:

> Herr Jesus Christus,
> du hast alle menschlichen Maßstäbe zunichte gemacht.
> Deine Gerechtigkeit und Güte übersteigen
>   all unsere Erwartungen.
> Du lehrst uns, wie wir mit den irdischen Gütern umgehen sollen.

Gedanken
zum **Evangelium** nach **Lk 16,1-13**

> *Die Kinder dieser Welt sind im Umgang mit ihresgleichen*
> *klüger als die Kinder des Lichtes*

Danach, wie Jesus dieses Beispiel nicht nur geschildert, sondern vor allem mit dem guten überraschenden Ausgang ausgestattet hat, dürfen wir ruhig statt von einem »untreuen« von einem »klugen« Verwalter sprechen, wie dies die Einheitsübersetzung der Bibel tut.

Auf den ersten Blick stößt die Reaktion des Weinbergbesitzers auf ein gewisses Unverständnis, sogar auf eine Verwunderung, denn wieso konnte der Herr nun den Verwalter für sein Verhalten loben und als Beispiel hinstellen?

Nach dem Gerechtigkeitsprinzip und nach menschlicher Vorstellung müsste der Besitzer ihn nicht nur entlassen, sondern sogar bestrafen und noch mehr zur Rechenschaft ziehen.

Das passiert nicht, sondern der Verwalter findet Gnade und Gefallen bei seinem Herrn.

Wie kann man dieses Gleichnis verstehen, damit man einen positiven

Zugang zu Jesu Aussage und zu seiner Auslegung findet, dass einen zugleich jedoch kein abstoßendes Gefühl befällt, wenn Jesus die scheinbar ungerechte Handlungsweise gutheißt?

Gleich im zweiten Satz dieses Beispiels hören wir, dass man den Verwalter beschuldigt hat, das Vermögen seines Herrn zu verschleudern. Darauf folgt die Aufforderung, Rechenschaft abzulegen. Ihm wird eine geringe Frist bis zur Entlassung gewährt. Auf so eine gute Stelle haben sicherlich schon andere gewartet. Möglicherweise haben eben diese alles in die Wege geleitet.

Was Verschleuderung in diesem Fall bedeutete, stellte sich bald als ein Handeln eines guten, fühlenden Herzens heraus. Sie gleicht somit einem Ungebundensein, einer Spontaneität, Güte und Großzügigkeit des Verwalters. Das hat manchen eben nicht gepasst. Auch die Güte wird gelegentlich missverstanden.

Diese Verschleuderung des anvertrauten Vermögens aus Güte spiegelt sich in den vielen Schuldnern wider, die sicherlich nicht aus Spaß oder Laune jene Güter ausgeborgt haben, sondern die damit ihre Existenz gesichert, vielleicht auch den Beginn und Aufbau eines neuen Lebens ermöglicht und beschleunigt haben.

Der Verwalter hat sich dabei weder bereichert noch an seine persönlichen Bedürfnisse oder an die seiner Familie gedacht, sonst hätte er sich mit den Gedanken, betteln zu müssen, nicht beschäftigt.

Was er im Endeffekt getan hat, wissen wir genau.

Die Großzügigkeit entspringt in aller Deutlichkeit seinem Verhalten. Sie geht in eine zweifache Richtung, in Richtung Borgen und Nachlassen. Dadurch erzielt er einen dreifachen Gewinn:

- der reiche Mann bekommt nicht nur sein Vermögen zurück, sondern bestimmt auch Zinserträge,
- die Schuldner können dank des Nachlasses alles zurückzahlen und verlieren so ihre Existenzgrundlage nicht,
- der Verwalter selbst wird nicht mehr mit einer Entlassung konfrontiert, vielmehr erhält er Lob und Anerkennung.

So ein einfaches und oft missverstandenes Beispiel möge auch uns zu begreifen helfen, dass bei Gott Großzügigkeit und Offenheit zählen.

Klug ist der, der anderen hilft!

Sechsundzwanzigster Sonntag

Liturgischer Gruß:

*Der Herr, der uns für die Nöte der anderen empfindsam
machen will, sei mit euch.*

Kyrie-Rufe:

*Herr Jesus Christus,
du willst, dass wir uns nicht nur um das »Haben«,
sondern auch um das »Sein« sorgen.
Du willst, dass Engherzigkeit und Verschlossenheit keinen
Platz in unserem Innersten haben.
Du willst unseren Blick aus der Ichbezogenheit auf die
Armen und Bedürftigen lenken.*

Gedanken
zum **Evangelium** nach **Lk 16,19-31**

*Er soll sie warnen, damit nicht auch sie
an diesen Ort der Qual kommen*

Mit Sicherheit wollte Jesus beim Erzählen dieser Geschichte bei seinen
Zuhörern keinen Schrecken hervorrufen, sondern diese zum Nachdenken
animieren, damit sie ihre Handlungen so vollbringen, dass sie diese an
dem Wert des jetzigen, zugleich aber des zukünftigen Lebens messen.
Viele Menschen träumen davon, reich zu werden. Im Grunde genommen
stehen diese Strebungen in keinem Widerspruch zum Leben, denn Armut
gehört nicht zum Schicksal der Menschen, sondern ein Leben in Genüg-
samkeit und Zufriedenheit.
Jesus verurteilt den Wohlstand nicht. Er verweist auf die Gefahren, die aus
dem Reichtum kommen können, vor allem,
- dass man dem Egoismus und der Selbstgenügsamkeit frönt,
- dass man dadurch verblendet sein kann und keine offenen Augen für die
  anderen hat,

- dass das Herz sich verhärtet und die Angst vor dem Zu-wenig-Haben überhandnehmen kann,
- dass letztlich die Habgier die persönliche Freiheit raubt und den Menschen so einengt, dass er nicht mehr fähig ist, er selbst zu sein.

Darüber hinaus stellt der Reichtum ein Hindernis für die Gerechtigkeit in der Welt und für den Frieden unter den Völkern dar. Jener kann sogar das Haupthindernis für Nächstenliebe und Barmherzigkeit, die Christus so am Herzen liegen, sein.

Deshalb stellt Jesus dieses Beispiel vom Reichen, der sogar die Reste von seinen Mahlzeiten nicht mit dem armen Lazarus geteilt hat, als Mahnung vor Augen, damit kein einziger Mensch in solch einen Zustand der Gleichgültigkeit und Herzlosigkeit geraten kann.

Christus verlangt von niemandem eine Radikalität im Teilen. Wir können uns dem Aufruf: »Teile alles, was du hast!«, nicht anschließen. In Wirklichkeit können und dürfen wir nicht alles teilen, was wir haben. Was wir aber machen sollen, ist, eine Lebenseinstellung zu gewinnen, die unsere Freigebigkeit nicht begrenzt.

Vor allem dürfen wir nie darauf vergessen, dass wir die Nahrung immer und zu jeder Zeit mit anderen teilen müssten. Wer das Brot nicht teilt, wird keine Freude beim Verzehr empfinden.

Es kommt im Leben nicht nur darauf an, was du für dich selbst tust, sondern was für andere nützlich ist. Die Befriedigung kommt dann, wenn du anderen Gutes tust.

Außerdem werden wir nicht ärmer, wenn wir mit anderen teilen.

Somit wollen wir am heutigen Sonntag zum Herrn in einem Bittgebet rufen: Öffne mir die Augen, damit ich die mich umgebende Wirklichkeit, vor allem aber die Menschen, ihre Bedürfnisse und Nöte erkenne und wahrnehme. Mache mein Herz weich und großzügig, damit ich dort helfen kann, wo es am nötigsten ist.

Ich möchte mit den Worten von Edith Stein schließen. *Ich glaube, wir können den anderen am besten helfen, wenn wir uns möglichst wenig darüber den Kopf zerbrechen, wie wir handeln sollen, sondern möglichst unbefangen und fröhlich sind* (nach E. Stein).[80]

Der Hl. Paulus sagt dazu: *Geben ist seliger als nehmen* (Apg 20,35).

———

[80] vgl. W. Herbstrith (Hg.), In der Kraft des Kreuzes, Hundert Worte von Edith Stein, München 1998, S. 47.

Siebenundzwanzigster Sonntag

Liturgischer Gruß:

Der Herr, der unseren Glauben stärkt und vertieft,
sei mit euch.

Kyrie-Rufe:

Herr Jesus Christus,
wir brauchen stets eine Vertiefung im Glauben,
weil nicht alle Geheimnisse leicht
verständlich sind.
Wir brauchen plausible Gründe und Motivationen,
um Gott vorbehaltlos vertrauen zu können.
Unsere Unzulänglichkeit ist uns bewusst,
deshalb stärke und festige unseren Glauben,
damit keine Zweifel aufkommen oder
kein Misstrauen uns erfasst.

Gedanken zum **Evangelium** nach **Lk 17,5-10**

Stärke unseren Glauben

Es gibt keine ergreifendere Bitte in den Evangelien als die der Apostel um die Stärkung des Glaubens. Sie ist zugleich die Bitte aller folgenden Generationen, die Anteil am christlichen Glauben haben.

Obwohl der Mensch von seiner Natur her Glauben besitzt bzw. in seinem Wesen religiös ist, bedarf er doch einer klaren Sicht, also einer Erkenntnis des Glaubens, die nicht nur auf einem Geheimnis oder auf vielen Geheimnissen beruht, sondern die vor allem ihre Stütze in einer direkten Offenbarung Gottes findet.

Die Jünger sind von der messianischen Sendung Jesu fest überzeugt. Sie haben in Christus den verheißenen Messias erkannt und an ihn geglaubt, dennoch haben sie für ihren Glauben trotz der sichtbaren Beweise, seien es Wunder, z. B. Heilungen, vom Herrn eine Stärkung erbeten, die ihrer Überzeugung nicht menschliche, oft schwache und unverlässliche, emotionale oder augenblicklich geprägte Motivationen bieten konnte, sondern eine Stärkung, die ihnen durch die göttliche, also unbesiegbare, bleibende, dauerhafte und verlässliche Kraft verliehen wird.

Ein Mensch, der um die Stärkung im Glauben bittet, weiß genau, was damit gemeint und verbunden ist.

Warum gibt uns der Glaube so viel Frieden, Gelassenheit und Stärke? Ich lasse Williams James diese Frage beantworten. Er sagt: »Die stürmischen Wellen an der unruhigen Oberfläche lassen die Tiefen des Ozeans unberührt. Und dem, der an größeren und ewigen Wirklichkeiten Halt findet, erscheinen die häufigen Wechselfälle seines eigenen Schicksals relativ unwichtig. Der wahre religiöse Mensch ist deshalb nicht zu erschüttern und voll Gleichmut und nimmt gelassen alle Pflichten an, die der Tag ihm bringen mag«. Wenn wir ängstlich und besorgt sind – warum es nicht mit Gott probieren? Warum nicht, wie Immanuel Kant einmal sagte, den Glauben an Gott annehmen, weil wir diesen Glauben brauchen? Warum uns nicht hier und jetzt »mit der unerschöpflichen, bewegenden Kraft verbinden, die das Universum dreht«? [81]

Deshalb wollen wir uns der Bitte der Apostel anschließen und rufen: Herr, stärke unseren Glauben,

- damit unsere Treue zu Dir nicht wankt,
- damit wir Ausdauer im Gebet finden,
- damit es uns nie an Geduld den anderen gegenüber mangelt,
- damit wir alles in Liebe und Hoffnung annehmen können,
- damit wir den vielen Gefahren, die die moderne Welt mit sich bringt, vor allem aber *der Diktatur der scheinbaren Toleranz* (J. Kard. Ratzinger) nicht verfallen,[82]
- damit wir nicht Anstoß an anderen Glaubenden nehmen, weil nur du allein der Weg, die Wahrheit und das Leben bist.

———

[81] vgl. D. Carnegie, Sorge dich nicht - lebe!, Augsburg 1999, S. 219-220.
[82] vgl. J. Kard. Ratzinger, Gott und die Welt, op. cit., S. 390.

Herr, stärke schließlich unseren Glauben an uns selber, damit wir an unsere Fähigkeiten und Begabungen, die dein Geschenk sind, an das gute Wollen und Vollbringen, auch wenn es sich um Schwierigkeiten handelt, glauben können.

Letztlich bitten wir dich, Herr, um die Stärkung des Glaubens, damit wir dir danken können. Lehre uns danken, weil wir manchmal wie die kleinen Kinder sind, denen man beibringen muss, dass man sich bedanken sollte. Wir sind dem Herrgott tatsächlich unser Gebet, vor allem aber stets unser Dankgebet schuldig.

Wir müssten nach jedem erlebten Tag sagen:

Herr, danke dir für diesen Tag, den ich erleben durfte. Mit dir habe ich ihn schön verbracht und gut gemeistert. Mit deinem Beistand habe ich alles überwinden können. Danke für deine Gegenwart und für deinen Schutz. All das heute Erlebte lege ich zurück in deine Hände. Nimm es gnädig an und verwandle es zu meinem Heil und zum Heil aller, die mir heute begegnet sind.

Vor allem aber gib mir die Gnade, morgen alles so erleben zu dürfen, dass ich Freude und Glück, Freundschaft und Freundlichkeit, Erfolg und Gelingen, aber auch Angst und Unsicherheit, Traurigkeit und Mutlosigkeit, Frust und Verzagtheit aus dem Glauben heraus annehmen kann.

Achtundzwanzigster Sonntag

Liturgischer Gruß:

*Der Herr, der in uns das Einfühlungsvermögen in die Situation
des anderen wecken will, sei mit euch.*

Kyrie-Rufe:

*Herr Jesus Christus,
du bist trotz unserer Undankbarkeit immer gütig
und barmherzig.
Du beschenkst jeden reichlich, der dich um Hilfe bittet.
Du bist unserem Flehen gegenüber immer offen.*

Gedanken
zum **Evangelium** nach **Lk 17,11-19**

Sie blieben in der Ferne stehen

Wir haben das beeindruckende Ereignis mit den Aussätzigen, denen Jesus
auf dem Weg nach Jerusalem begegnet, noch frisch im Gedächtnis.
Damit wir die beschriebene Situation besser verstehen können, dürfen wir
nicht vergessen, dass der Aussatz zu den schlimmsten Krankheiten gehört
hat. Die Betroffenen haben sich strengen gesetzlichen Bestimmungen
unterordnen müssen. Im Buch Levitikus (13,45) lesen wir Folgendes: *Der
Aussätzige, der von diesem Übel getroffen ist, soll eingerissene Kleider
tragen und das Kopfhaar ungepflegt lassen; er soll den Schnurrbart ver-
hüllen und ausrufen: Unrein! Unrein! So lange das Übel besteht..., soll
er abgesondert wohnen, außerhalb des Lagers soll er sich aufhalten.* In
einem früheren Satz (13,43-44) steht: *Der Priester soll ihn untersuchen.
Der Priester muss ihn für unrein (oder rein) erklären* (vgl. Lev. 14,2).
Die Menschen, von denen das Evangelium spricht, sind eindeutig dem
Tod geweiht, einem langsamen Sterben in Einsamkeit und Verlassenheit.
Für sie ist wahrscheinlich weder die Möglichkeit einer Genesung noch

eine andere Überlebenschance in Frage gekommen, denn Heilmittel gegen Aussatz hat es keine gegeben.

Aber nicht nur das hat diese Menschen dazu bewogen, Jesus um Hilfe anzuflehen. Es hat ihnen vor allem das Ausgestoßensein zu schaffen gemacht, also das Nichts-mehr-Bedeuten, das Nicht-mehr-gebraucht-Werden, von den anderen aus Angst vor Ansteckung gemieden zu werden, sogar der Gedanke des Allein-Sterbens und nicht betrauert zu werden.

Gerade in diese Ausweglosigkeit und Verzweiflung greift Jesus dank ihres Bittens ein. Die Aussätzigen rufen um Mitleid, dass sich jemand in ihre aussichtslose Situation hineinfühlt. Jesus schaut sie an und reagiert ganz ungewohnt. Er heilt sie nicht, sondern schickt sie zu den Priestern.

Interessanterweise widersprechen sie ihm nicht. Sie beklagen auch nicht, dass sie nicht sofort gesund geworden sind. Sie gehorchen einfach und eben in diesem Gehorsam wurzelt ihre Heilung.

Der Eine und Einzige, der zurückkehrt, um sich bei Jesus zu bedanken, wird für die weiteren Generationen zum Symbol eines dankbaren Menschen, der weiß, dass die Rettung des Lebens in Gottes Hand liegt.

Der Dankbare findet immer den Weg zu Gott. Er findet auch den Weg zu den anderen.

Dieses Evangelium müsste eigentlich auch uns, die wir mit den »Aussätzigen unserer Zeit« zu tun haben könnten, einen Anstoß zu neuen Überlegungen geben, wie wir uns ihnen gegenüber zu verhalten hätten, z. B. den unheilbar Kranken gegenüber.

Zählt für uns der Mensch?

Sehen wir in jedem trotz seines traurigen Schicksals ein geliebtes Kind Gottes?

Bieten wir ihm die Möglichkeit, seine Traurigkeit mit uns zu teilen (Mutter Teresa)?

Können wir ihm Trost, Wärme, Verständnis entgegenbringen und ein wenig Hoffnung für den morgigen Tag spenden?

Gerade in unserer Zeit, wo viele Menschen an den Rand gedrängt werden, müssten die Christen, also wir, als Zeichen der Liebe zu Christus dort präsent sein, wo uns Gott augenblicklich für den anderen braucht.

Neunundzwanzigster Sonntag

Liturgischer Gruß:

Der Herr, der jedem zu seinem Recht verhilft,
sei mit euch.

Kyrie-Rufe:

Herr Jesus Christus,
dein einziger Wunsch ist es, dass die Menschen an Gott
*   glauben; die heutige Welt lenkt ihre Interessen jedoch*
*   auf andere Idole.*
Du willst in jedem das Bewusstsein für die Vergänglichkeit
*   dieser Welt wecken; die Menschen bleiben aber wie blind*
*   und geschlagen am Irdischen haften.*
Du möchtest, dass wir den Blick auf das ewige
*   Leben bei Gott nicht verlieren; viele sind leider durch*
*   das Irdische geblendet.*

Gedanken
zum **Evangelium** nach **Lk 18,1-8**

Wird jedoch der Menschensohn, wenn er kommt,
auf der Erde noch Glauben finden?

Jeder Mensch hat von Natur aus eine tiefe Sehnsucht nach dem Transzendentalen, dem Höheren, das heißt nach Gott.
Und wir wissen, dass auch die Urvölker einen festen Glauben besessen haben. Der Mensch ist jedoch aus sich selbst heraus nicht fähig, das Sein Gottes, seine Fülle und seine geheimnisvolle Wirkung in dieser Welt genau zu erklären, um ein Gottesbild zu schaffen, das für alle verständlich ist.
In die Geschichte der Menschheit und des ganzen Universums sendet Gott seinen eingeborenen Sohn, um die erlösende Botschaft und Offenbarung seines Seins und Willens bekannt zu machen.

Er lässt seinen Sohn in einem bestimmten Volk heranwachsen, nämlich im auserwählten Volk Israel, das in seiner ganzen Geschichte den verheißenen Messias und die Verheißung des messianischen Heils erwartet. *»Er kam in sein Eigentum, aber die Seinen nahmen ihn nicht auf«* (Joh 1,11).

Mit der Berufung und Beauftragung der Jünger Christi, der ganzen Welt die Frohe Botschaft zu bringen, haben sich die verborgene Erwartung der Menschheit und gleichzeitig der Wille des liebenden Gottes und Vaters erfüllt. Nach über 2000 Jahren verbreitet sich diese befreiende und Freiheit schaffende Botschaft bis zu den fernsten Ländern und Völkern der Erde.

Die Mission, also das Gesandtsein mit Vollmacht und im Auftrag zur Verbreitung des Christentums, ist in ihrer Aufgabe noch nicht vollendet. Die Worte des Herrn *»Geht hinaus in die ganze Welt, und verkündet das Evangelium allen Geschöpfen«* (Mk 16,15) haben an Wert nichts verloren und sind immer aktuell.

In unserer Situation brauchen wir genau genommen nicht andere Länder zu missionieren. Wir können in unserer unmittelbaren Nähe den Auftrag Christi vollziehen. Wir haben fast täglich die Gelegenheit und die Möglichkeit, sogar sich günstig anbietende Momente zur Verbreitung des Glaubens in unserem Land, in unserer Gemeinde, in unseren Familien, unten Freunden und am Arbeitsplatz. In der heutigen Zeit wachsen viele Neuheiden heran, obwohl sie mit dem Taufschein ihr »Christsein« ausweisen können.

Es ist nicht zu übersehen, dass Gleichgültigkeit dem Glauben gegenüber, religiöse Ignoranz, falsche Gottesbilder, sogar theologische Irrtümer und Unglaube weit verbreitet sind.

In solchen Zeiten sind wir nicht nur aufgerufen, sondern verpflichtet, mit der Evangelisation in unserem engsten Kreis zu beginnen, sie zu pflegen und somit dem Aufruf des Herrn Rechnung zu tragen. Dazu gehören unter anderem die gesunde religiöse Erziehung der Kinder, die Pflege des Gebetes im Familienkreis, die aktive Teilnahme am Gemeindeleben, unaufdringliches christliches Verhalten am Arbeitsplatz, unauffälliges, aber doch erfahrbares Praktizieren der christlichen Bräuche und vieles mehr.

Unser christliches Zeugnis gilt weit mehr als jede Art von versuchter Bekehrung durch Zureden. Dies alles ist jedoch erst dann möglich, wenn wir selbst einen festen, lebendigen und überzeugenden Glauben haben.

Ich kann religiöses Leben wecken, wenn ich selbst nach den Glaubens-prinzipien lebe. Ich kann Überzeugung bringen, wenn ich selbst die Zwei-fel zu beseitigen versuche. Ich kann den Glauben weitergeben, wenn ich weiß, woran ich glaube und worauf ich diesen Glauben stütze. Er muss auf dem Fundament eines guten religiösen Wissens ruhen.

Vertiefe ich meinen Glauben in dieser Hinsicht?

Vielleicht müsste eine Missionierung zuerst bei mir selbst beginnen, um all die gewachsenen neuheidnischen Gewohnheiten, Verhaltensweisen oder andere Praktiken, die in der modernen Gesellschaft Fuß gefasst haben, beseitigen zu können. Vielleicht müsste ich mir einen noch brei-teren Glaubenshorizont z. B. durch regelmäßiges Lesen theologischer Literatur verschaffen.

Oder können wir uns, wenn wir uns in aller Ehrlichkeit anschauen, doch der Aussage von John Henry Newman anschließen, weil wir eben viele positive und gute christliche Eigenschaften in uns entdecken und merken, dass *wir dem Geist der Welt nur teilweise verfallen, im Grunde allerdings gute, aber unvollkommene Christen sind.*[83]

Worauf soll sich unsere jetzige Aufgabe stützen, damit Jesus, wenn er kommt, auf der Erde noch Glauben vorfindet?

Die Antwort darauf gibt uns die dargestellte Szene des heutigen Evan-geliums vom Richter und von der Witwe. Unnachgiebigkeit und Aus-dauer, egal, welche Umstände und Schwierigkeiten unser Leben auch bedrohen mögen, bringen uns sicher ans Ziel.

---

[83] vgl. Ch. S. Dessain, John Henry Newman, Anwalt redlichen Glaubens, Freiburg im Breisgau 1981, S. 77.

Dreißigster Sonntag

Liturgischer Gruß:

Der Herr, der uns auf das Wesentliche des Betens aufmerksam macht, sei mit euch.

Kyrie-Rufe:

*Herr Jesus Christus,
du bist uns Schwachen und Sündigen, aber Reumütigen
    immer gnädig.
Du erwartest von uns die Erkenntnis der eigenen Sünd-
    haftigkeit und die Bitte um Vergebung.
Deine Bereitschaft zu vergeben ist dann unbegrenzt, wenn
    du reumütige Herzen findest.*

Gedanken
zum **Evangelium** nach **Lk 18,9-14**

Gott, sei mit Sünder gnädig!

Der Weg des Lebens ist unter anderem ein Weg der Selbsterkenntnis.
Auf diesem Weg handelt es sich in erster Linie um die Entdeckung und Aufwertung der vielen Begabungen und Fähigkeiten, aber auch um eine objektive Beurteilung des eigenen Handelns und Tuns.
Insbesonders jedoch müssten wir darauf bedacht sein, unsere Lebensweise stets nach den Geboten Gottes auszurichten und an der gelebten Liebe zu messen. Andernfalls besteht die Gefahr eines Pharisäismus.
Schlimm ist natürlich eine selbstgerechte innere Einstellung, die leider oft mit einer Überheblichkeit, sogar mit der Verachtung anderer verbunden ist. Dieser Haltung können wir leicht unterliegen.
Wie oft haben wir z. B. am Arbeitsplatz gedacht, dass dieser oder jener ein Miststück sei, haben aber dabei vergessen, wie schlecht, vielleicht sogar noch schlimmer wir selbst uns manchmal benommen haben.

Wir neigen leider zu schnell zu Verurteilungen und denken dabei zu wenig darüber nach, wie fehlerhaft wir uns den anderen gegenüber verhalten.

Nehmen wir als kleines Beispiel nur unseren Alltag. Wie oft sind wir neidisch, weil jemandem etwas besser gelungen ist als uns, oder wie unmissverständlich zeigen wir unsere Unduldsamkeit dem gegenüber, der uns auf eine unangenehme Angelegenheit aufmerksam macht!

Wenn wir uns im Alltag schon bei Vorurteilen immer wieder ertappen, müssen wir natürlich auch Acht geben, ob sich in unseren Gebeten nicht irgendwelche Angewohnheiten eingeschlichen haben, die dem Pharisäer aus dem heutigen Evangelium gleichen.

Der Pharisäer stellt ein Beispiel einer erstarrten und ichbezogenen Frömmigkeit dar. Der Zöllner dagegen ist ein Zeuge einer einzigartigen Lebendigkeit im Glauben.

Gläubig sind beide.

Wer jedoch von ihnen eine wahre Gotteserfahrung macht, wissen wir genau.

»Durch das Gebet bin ich ein anderer Mensch geworden«, hat einmal jemand gesagt.

Natürlich wird man ein anderer Mensch, wenn man betet, und noch dazu echt betet.

Wir können im heutigen Evangelium sofort den Unterschied beim Beten erkennen. Der Pharisäer sagt: »*Gott, ich danke dir*«, der Zöllner dagegen: »*Gott, sei mir Sünder gnädig!*«. Der Erste erwartet von Gott Lob, sogar eine Bewunderung. Das demütige Rufen des Zweiten erfleht Gnade und Liebe von Gott, weil er weder Gott noch sich selbst etwas vormachen will und sich seines sündhaften Zustandes gänzlich bewusst ist.

Deshalb kehrt er als Gerechter nach Hause zurück, der andere nicht.

Im Klartext bedeutet dieses Beispiel für uns, dass *ein gläubiger Mensch zu sein und Gott zu lieben, ohne viel Lärm zu machen, auch unsere Lebensdevise sein soll.*[84]

Vor allem dürfen wir nicht darauf vergessen, dass die Quellen, die unser

---

[84] vgl. N. Incorvaia, Jenseits Aids, Vereinigung San Lorenzo Communità Cenacolo (Hg.), Saluzzo 1999, S. 12.

Leben tränken, nicht in weltlichen Angeboten oder Ansichten zu finden sind. Sie haben ihren Sitz in der Sehnsucht des Menschen nach Gott.

Ohne die Pflege des inneren Lebens wird der Mensch nicht richtig gedeihen können, sondern er wird stets auf das Fehlen seiner Lebenserfüllung stoßen.

Quellen des wahren und erfüllten Lebens strömen also vom Gebet, von der Pflege der Beziehung zu Gott und von der gelebten Liebe aus.

Das Gebet füllt das Herz auf allen Lebensstrecken, egal, wie lang, wie vertrocknet oder wie öde sie auch sein mögen.

Das Gebet verleiht Kraft und Mut, weiter voranzuschreiten und mit geduldiger Haltung vieles anzunehmen, was auch kommen mag.

Das Gebet ist zugleich neben der erfahrenen Liebe die beste Arznei für die Genesung des Menschen.

Bischof Jacques Gaillot hat einmal seine Eindrücke von betenden Menschen so formuliert: *Ich werde die Menschen nie vergessen, die ich eines Tages beim Gebet beobachtet habe. Welch ein Friede sprach aus ihren Gesichtern, welch ungewöhnliche Schönheit ging von ihnen aus! Eine innere Kraft hatte sie erfasst und hielt sie ganz in sich gesammelt. Ich hatte das Gefühl, mit ihnen vereint zu sein, indem ich mich auch in das Geheimnis zu versenken suchte, das sie bewegt und aus dem sie leben.*[85]

In seinen Worten entdecken wir noch einen Aspekt des Gebetes, nämlich die Freude am Gebet eines anderen und nicht Neid, die innigste Vereinigung mit einem Betenden und nicht Verurteilung seiner Haltung. Letztlich entdecken wir, wie viel Kraft und Stärke uns ein gemeinsames Gebet verleihen kann.

---

[85] J. Gaillot, Was für mich zählt, ist der Mensch, Freiburg im Breisgau 1990, S. 55.

Einunddreißigster Sonntag

Liturgischer Gruß:

Der Herr, der jedem, der ihm begegnen will,
seine Aufmerksamkeit schenkt, sei mit euch.

Kyrie-Rufe:

Herr Jesus Christus,
du kennst die tiefste Sehnsucht unseres Herzens.
Du willst jedem die Erfahrung deiner Nähe geben.
Du nimmst jeden so an, wie er in seinem Wesen ist.

Gedanken
zum **Evangelium** nach **Lk 19,1-10**

Zachäus aber wandte sich an den Herrn

Der Blick eines Menschen gleicht oft einem blauen oder smaragdenen Ozean, manchmal einem Sonnenstrahl, einer Milde, einem sanften Sich-Einfühlen in die Situation oder einer liebenden Zuneigung.

Es gibt aber auch harte, erstarrte, trübe, farblose, unzugängliche, sogar böse und tötende Blicke, die durch ihre abstoßende Kälte fast eine Mauer zwischen den Menschen entstehen lassen.

Die positiven wie auch die negativen Erfahrungen, die wir aus den Blicken ablesen, spielen sich nicht ausschließlich unter Bekannten ab. In vielen zufälligen Begegnungen können wir vielfach gleich auf den ersten Blick die innere Einstellung des anderen erkennen.

Viele liebevolle, warme und herzliche Blicke, die uns von Unbekannten entgegengebracht werden, bleiben unvergesslich.

Das heutige Evangelium berichtet von einer überraschenden, zugleich aber wunderbaren Begegnung. Es treffen nämlich einander in einer Menschenmenge zwei Personen. Der eine will den anderen nur sehen und rechnet gar nicht mit einer direkten Möglichkeit, ihm tief in die Augen schauen zu dürfen.

Die Reaktion Jesu Zachäus gegenüber, der auf dem Baum im Geäst sitzt, ist nicht nur sonderbar, sondern vielmehr verwunderlich. Jesus hat den schlauen Kerl in seinem Versteck, in seiner Einsamkeit also, und in seiner Sehnsucht, ihn sehen zu wollen, nicht nur entdeckt, er bekundet seinen Willen, Gast bei ihm zu sein. Mit dieser Auszeichnung hat Zachäus niemals gerechnet. Er hat sie erfahren, weil in seinem Herzen immer schon Liebe vorhanden gewesen ist: die Liebe zu Gott und zum Nächsten. Das ist in aller Deutlichkeit bei seiner Rechtfertigung zum Ausdruck gekommen.

Eben diese Gegebenheit schenkt allen zukünftigen Generationen und allen Menschen, die Gott suchen, die feste Zuversicht, dass keiner in den Augen Gottes, auch wenn er sich in seiner Einsamkeit versteckt, unbeachtet bleibt.

Das Heil liegt in der Gegenwart Christi, die uns stets begleitet.[86]

Somit müssten auch wir aufs Neue überlegen, ob wir als Christen in unseren Reaktionen Christus ähnlich sind.

Sind unsere Blicke verständnisvoll, heilend, lebenspendend, tröstend und entgegenkommend?

Bieten sie den anderen Gelegenheit, zu erfassen, dass wir ihre Sorgen und Nöte wahrnehmen und ihnen mit Verständnis begegnen?

Weichen wir nicht gelegentlich den anderen aus, ahnend und vermutend, was auf uns zukommt?

Es ist sicherlich nicht leicht, allen gerecht zu werden und sie stets mit einem guten Rat zu begleiten.

Wichtig ist jedoch, dass wir in uns eine Offenheit entwickeln, die weder von vornherein noch aus unbegründeter Angst die Berührung mit anderen ganz meidet.

Wir selbst brauchen hin und wieder andere, um im Leben zurechtzukommen.

Seien also auch wir auf die verborgene Not – natürlich, ohne aufdringlich zu sein – empfindsam, wie es Jesus gewesen ist. Wir werden vielfach auch das Verständnis und die Einfühlsamkeit anderer hautnah erfahren, vor allem dann, wenn wir es am wenigsten erwarten.

Ich möchte diese Betrachtung mit Helga Rusche schließen, die sagt:

---

[86] vgl. R. Berthier, Geistlicher Kommentar, op. cit., S. 305.

Gott selbst nimmt sich nie zurück. Wie sollten wir nicht Mut gewinnen, vor ihm in Liebe zu beginnen, ein Mensch zu sein, der andere sieht? Wenn er nicht vor uns Menschen flieht, wie sollten wir die Menschen meiden und uns nur für uns selbst entscheiden, wo er sich für die Welt entscheidet?[87]

---

[87] entnommen aus dem Liturgischen Kalender der Afrikamissionare – Weiße Väter 2003, Köln, Gedanken für den 8. August.

Zweiunddreißigster Sonntag

Liturgischer Gruß:

Der Herr, der jeden, der uns auf eine Dimension,
die über das irdische Leben hinausreicht, hinweist, sei mit euch.

Kyrie-Rufe:

Herr Jesus Christus,
du hast uns die Freiheit, die wir in Gott erlangen,
  geschenkt.
Du hast uns die Kindschaft Gottes im neuen Licht
  geoffenbart.
Du zeigst uns stets das unauflösliche Band der Liebe,
  das nie enden wird.

Gedanken
zum **Evangelium** nach **Lk 20,27-38**

Denn für ihn sind alle lebendig

In der Aussage Christi finden wir nicht nur die Bestätigung des ewigen Lebens, sondern eine klare Verdeutlichung, dass das jenseitige Leben keine Verlängerung des irdischen Lebens über den Tod hinaus darstellt. Die Wirklichkeit der anderen Welt darf man mit der jetzigen Wirklichkeit nicht vergleichen. Das irdische Leben mit all seinen Gewohnheiten und Gepflogenheiten wird nicht fortgesetzt, es wird anders gestaltet, nicht auf menschliche, sondern auf göttliche Weise, die uns Menschen noch unbegreiflich scheint.

Dort werden wir nicht nur von der Gebundenheit durch den Leib frei, wir werden auch in gänzlicher Unabhängigkeit von allen Menschen leben.

Daher werden sich Eheleute im Reich Gottes viel mehr, weil auf göttliche Weise lieben. Sie werden dem ersten und dem zweiten Partner gleich nahe sein, ohne Streit und ohne Eifersucht, ohne irgendeinen Mangel.[88]

Somit weist Jesus aufgrund des angesprochenen Beispiels von der sieben-fachen Eheschließung auf die Tatsache der völligen Unabhängigkeit von anderen im Jenseits hin. Wir werden weder heiraten noch andere Be-ziehungen einzugehen brauchen. Die Gotteswelt wird keine Widerspiege-lung dieser irdischen Welt sein, auch nicht die Fortsetzung all dessen, was wir hier erleben.

Dies bedeutet nicht, dass wir die anderen, vor allem unsere Lieben, nicht treffen werden oder von ihnen getrennt leben müssen, vielmehr aber, dass wir in ganz anderen Dimensionen unsere Beziehungen und Verbundenheit mit den anderen erleben werden.

Wir werden wohl mit ihnen verbunden, aber nicht an sie gebunden sein. Sonst wäre es für manche Menschen fatal, noch im Jenseits mit jenen kommunizieren zu müssen, die ihnen das irdische Leben unerträglich ge-macht, vielleicht sogar zerstört haben. Wir wissen selbst, welche Folgen manche Beziehungen und Bekanntschaften auslösen können.

Es wird also für uns eine Kontinuität des Lebens in der Identität und nicht in der Form oder Art des Lebens bestehen, denn unser menschliches Leben wird im Jenseits dem göttlichen Leben gleichen.

Was heißt das konkret?

1. *Es wartet auf uns ein neues Leben, eine andere Lebensgestaltung in Wahrheit, Gerechtigkeit und in Liebe, ohne jegliche Sünde, Lüge, ohne Unrecht, Hass und Tod.*

2. *Wir werden Zeugen und Teilnehmer einer neuen Schöpfung sein, die sich nicht nur auf die Seele und den Geist des Menschen bezieht, sondern auf eine Umgestaltung und Verwandlung unseres Leibes, unserer Persönlichkeit und des gesamten Kosmos.*[89]

Bei Gott und mit Gott werden wir erst erkennen, was es bedeutet, Mensch zu sein, im umfassenden Sinn, in völliger Freiheit und im wahren Glück leben zu dürfen. Diese Freiheit und dieses Glück kann jeder nur bei Gott erreichen. Darum streben wir schon jetzt danach, was uns aus dem Glauben und aus unserer Zugehörigkeit zu Gott frei macht.

———

[88] R. Stertenbrink (Hg.), Lichtsekunden, op. cit., S. 228.
[89] vgl. Katholischer Erwachsener Katechismus, Bonn 1985, S. 205-206.

Vielleicht sollen wir diese Aufforderung Jesu umdrehen und fragen:
- Was macht uns unfrei?
- Woran sind wir noch gebunden? An Menschen, Sachen, an Besitz, vielleicht an Gewohnheiten?
- Was knechtet und versklavt uns am meisten?
- Wie weit sind wir selbst daran schuld, uns Lasten des Lebens aufzuerlegen, usw.?

Das Beispiel der Sadduzäer, das eindeutig von einer menschlichen Vorstellung des ewigen Lebens ausgeht, will Jesus auf eine breite Ebene des menschlichen Lebens überhaupt ausweiten, sowohl des zukünftigen als auch des jetzigen, damit wir uns schon hier richtig auf das »andere Leben« einzustellen versuchen.

Die Gedanken der Sadduzäer haften sehr stark an den irdischen Bräuchen und Gewohnheiten, deshalb entzieht sich ihnen offensichtlich die Vorstellung des Lebens über die irdische Grenze hinaus.

Bei uns soll es aber nicht so sein. Uns ist der Schatz des christlichen Glaubens und der Offenbarung geschenkt worden. Aus dieser Schatzkammer können wir schon jetzt die Erkenntnis erlangen, die uns für die Zukunft bei Gott behilflich sein kann. Diese Erkenntnis heißt: Das ewige Leben wird keinesfalls Umkehrung zur gegenwärtigen Welt sein. Sie wird vielmehr all unsere Erwartungen übersteigen, weil wir nach der Wertordnung Gottes ganz hineingetaucht werden in eine nie endende Seligkeit.

Dreiunddreißigster Sonntag

Liturgischer Gruß:

Der Herr, der uns um Standhaftigkeit und Vertrauen bittet,
sei mit euch.

Kyrie-Rufe:

Herr Jesus Christus,
du machst uns klar, dass zu unserer christlichen Berufung
auch die Verantwortung für diese Welt gehört.
Du rufst uns zugleich zu einem aktiven Widerstand
gegen die Zerstörung der Umwelt auf.
Deine befreiende Botschaft weist eindeutig darauf hin,
dass die Welt zum Leben und nicht zum Sterben
erschaffen worden ist.

Gedanken
zum **Evangelium** nach **Lk 21,5-19**

Und wenn ihr von Kriegen und Unruhen hört,
lasst euch dadurch nicht erschrecken!

Nichts erschreckt die Menschen mehr als das Wissen um eine herannahende Katastrophe oder ein Unglück. Die Menschen fürchten sich nicht so sehr vor der ungewissen Zukunft wie vor einer direkten Bedrohung, die sie mit eigenen Augen auf sich zukommen sehen und dann am eigenen Leib zu spüren bekommen. Das Attentat, einerseits auf das World Trade Center (11. 09. 2002), andererseits in Madrid (11. 03. 2004), die Entführung der Geiseln während des Irakkrieges durch religiöse Militanten oder sogar religiöse Auseinandersetzungen im Herzen Europas, z. B. in Holland im November 2004, sowie die vielfache Bedrohung durch andere terroristische Mittel sind eindeutige Beispiele dafür, dass die Menschen noch nicht die Absicht und die liebende Vorsehung Gottes begriffen haben.

Die Naturkatastrophen wie Tsunami, Erdbeben, Taifune, Stürme mit sinftlutartigem Regen, Vulkanausbrüche und vieles mehr gehören auch zu den Ereignissen unserer Tage und zu unserer Zivilisation. Diese sollen nicht nur die Menschheit bedrohen, sondern auch nachdenklich machen. Wir sind größtenteils in einer glücklichen Lage, weil wir davon nicht unbedingt und unmittelbar betroffen sind.

Solche Schreckensszenen, wie sie in den Worten des heutigen Evangeliums beschrieben werden, sind uns jedoch über den Bildschirm des Fernsehapparates sofort zugänglich und miterlebbar.

Und wir stellen uns oft die Frage, warum dies alles in der von Gott geliebten und erschaffenen Welt passieren kann.

Wir sollten uns aber am heutigen Sonntag fragen, was Jesus mit dieser Aussage bewirken will.

Wäre es seine Absicht, uns zu erschrecken und uns Angst machen zu wollen, damit wir zu unseren täglichen Problemen noch mehr Zündstoff zur Befürchtung um den morgigen Tag oder um unsere Existenz bekommen? Jede Art von Angstmacherei ist unserem Herrn fremd und für ihn genauso wie für uns ein Gräuel.

Jesus will uns keineswegs ängstigen, vielmehr aber erschüttern und anspornen, damit wir die uns umgebende Wirklichkeit mit einer gewissen Spannung und mit offenen Augen betrachten, um gut und dem Willen Gottes gemäß handeln zu können.

Dadurch sollte uns bewusst werden, wie stark wir selbst am Bösen und an der Vernichtung dieser uns anvertrauten wunderbaren Schöpfung beteiligt sind, obwohl wir zum Aufbau des Reiches Gottes berufen sind.

Nicht Gott, sondern das Böse und die Menschen vernichten ja diese Welt!

Darum überdenken wir der Reihe nach die Worte des heutigen Evangeliums aufs Neue.

1. Auch der von Menschenhand erbaute Tempel, der aus schönen und wertvollen Steinen errichtet und mit Weihegeschenken und anderem Zierrat ausgestattet und geschmückt ist, wird niedergerissen.

   Die von Gott erschaffene Materie kann den Menschen durch ihre äußere Pracht beeindrucken. Sie besitzt leider keine bleibende Bedeutung. Der Mensch kann vieles selbst zerstören, wenn wir allein an die Sprengung der Buddhastatuen durch die Taliban in Afghanistan denken.

2. Auf die Anfrage, wann dies oder jenes geschehen soll, warnt Jesus ganz klar und eindeutig vor allem die Menschen, die andere irreführen wollen, die sogar in Gottes Namen auftreten.

Wer also eigenwillig, sektiererisch oder, sich auf die Religion berufend, nur seine eigenen Interessen bevorzugt und durchzusetzen versucht, ohne auf Gottes Absicht und auf seinen Willen Rücksicht zu nehmen, zugleich die andere Menschen, egal, welcher Rasse oder Religion sie angehören, nicht respektiert, müsste in demütiger Erkenntnis der eigenen Nichtigkeit Gott gegenüber sofort nachdenken, welcher Seite er seine Dienste anbietet und wem er letztendlich dienen will: Gott oder dem Bösen, dem Friedensstifter oder dem Zerstörer.

3. Durch die Bosheit der Menschen wird vieles verursacht, angefangen von den Unruhen bis zu den Kriegen, von den Hungersnöten bis zu den Seuchen.

All jene aber, die standhaft bleiben und Zeugnis für Christus ablegen, werden ihr Leben gewinnen, besonders in Zeiten echter Verfolgung und Auslieferung an die von Bosheit Besessenen.

Somit will Jesus uns, die wir die gegenwärtige Situation nüchtern anschauen und kühl zu betrachten versuchen, sagen, dass eben wir uns, wenn wir in einer konkreten Lebenssituation solche abzulehnenden Verhaltensweisen entdecken, die zum Hindernis auf dem Glaubensweg werden können und uns auf dem Weg zum wahren Leben, nach dem Aufruf Christi voranzuschreiten, hindern, sei es im Familien-, Ehe- oder Gesellschaftsleben, nicht von ihnen anstecken lassen dürfen.

Jesus will uns gerade heute in einer besonderen Weise sagen: Mensch, schau nicht auf die untergehende Welt, auf die Weltereignisse, sondern schau auf dich, ob du heute und jetzt bestehen kannst, ob du in deinem Leben Christus bezeugst!

Im Grunde genommen ist es nämlich egal, ob die Welt um uns herum verloren oder zugrunde geht. Wir müssen schauen, ob wir vor dem Angesicht Gottes bestehen können.

Wir sterben ja nur einmal!

Darum gehen wir im Leben den Weg, der einzig und allein richtig, zugleich aber Gottes Weg ist und für immer bleibt, nämlich den Weg der Liebe. Dann werden wir sehen, wie da die Welt um uns anders wird.

Christkönigssonntag

Liturgischer Gruß:

*Der Herr, der König der menschlichen Herzen,
sei mit euch.*

Kyrie-Rufe:

*Herr Jesus Christus,
du bist der wahre König aller Generationen,
   die Gott suchen.
Du hast uns gezeigt, dass nur die Liebe eine Zukunft hat.
Alle, die sich am Aufbau deines Reiches beteiligen,
   nennst du Kinder Gottes.*

Gedanken zum **Evangelium** nach **Lk 23,35-43**

Die Leute standen dabei und schauten zu

Am heutigen Christkönigsfest wird das Geschehen der Kreuzigung nicht umsonst vorgetragen. Die Liturgie der Kirche will am letzten Sonntag im Kirchenjahr auf das irdische Ende von Christus aufmerksam machen, das zugleich die Krönung seiner Sendung darstellt, die in der Erlösungstat ihren Höhepunkt erreicht. Sie zeugt weiter davon, wie ein Mensch ausgeliefert, in seiner Würde verachtet und erniedrigt, sogar getötet werden kann und dennoch in seiner Zerbrechlichkeit und Machtlosigkeit doch eines nicht verlieren muss, nämlich Gottvertrauen und Liebe. Diese beiden Eigenschaften bilden das feste Fundament der menschlichen Existenz überhaupt. Sie sind tragende Lebenskraft, vor allem in Prüfungen und aussichtslosen Situationen.

Diese Gegebenheiten, nämlich die erfahrbare Liebe und Güte, erkennen wir am deutlichsten auf Golgota. Jene Liebe, die zur größten Hoffnung vieler gehört, die reumütigen Herzens sich an Gott wenden.

1. Wovon zeugt also die Inschrift auf der Tafel über dem Haupt des Herrn: *»Das ist der König der Juden«* (Lk 23,38)?
2. An welchem Reich, das mit Jesus begonnen hat, sollen auch wir mitarbeiten?
3. Wie weit setzen wir bereits all das um, was Christus uns, seinen Jüngern, vermacht hat?

Zum Ersten: Die Verheißung Gottes, die dem auserwählten Volk gegeben worden ist, findet ihre Realisierung in der messianischen Sendung Jesu Christi. Er ist nicht nur der wahre König der Juden, einer, der zu den Nachkommen Davids zählt, sondern ein echter Diener und Befreier seines Volkes. Seine Erlösungstat gilt natürlich in erster Linie den Juden. Die Sehnsucht Gottes, dass Jesu Liebe zu seinem Volk erwidert wird und das Volk ihn als Messias anerkennt, bleibt weiter unermesslich groß.

Zum Zweiten: Das mit Christus begonnene Reich der Wahrheit, des Lebens, der Heiligkeit, der Gnade, der Gerechtigkeit, der Liebe und des Friedens will sich so ausbreiten, dass in jedem Land und Volk und in jedem einzelnen Menschen nach diesen Eigenschaften verlangt wird, um eine Welt zu schaffen, die dem menschlichen Leben dient und das Leben lebenswert macht. Eine Welt, in der weder der Gewalt noch Kriegen, weder der Armut noch dem Hunger, weder der Habsucht noch der Unvernunft, weder dem Neid noch der Eifersucht nicht der geringste Platz eingeräumt wird. Solange die Menschen sich auf Gott hin nicht öffnen und Jesu Botschaft ablehnen, wird die Menschheit nicht zur ersehnten Ruhe kommen.

Zum Dritten: Wir Christen, die wir die Frohe Botschaft im täglichen Leben zu realisieren versuchen, müssen all das ablehnen, was den christlichen Werten widerstrebt. Das einzig Wichtige und Sichere für die Zukunft ist die tätige Liebe, uns selbst und den Mitmenschen gegenüber. Versuchen wir, in uns und in jedem Menschen das Edle, die inneren Werte und die innere Größe, also das Königliche und Göttliche, zu entdecken. Verachten wir niemanden, egal, wie schwer seine Sünden oder seine Schwächen sein mögen. Begegnen wir jedem in Liebe und geben wir jedem eine Chance, die nicht in der Vernunft, sondern in der Liebe gründet. So werden wir dem Auftrag, den wir in der Taufe empfangen haben, gerecht werden und schon jetzt königlich, also würdevoll handeln.

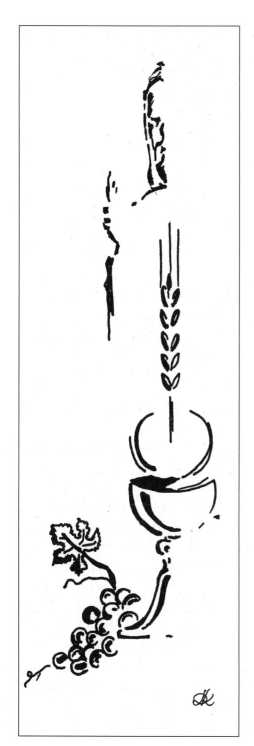

FESTE
IM
JAHRESKREIS

Hochfest der ohne Erbsünde empfangenen Jungfrau und Gottesmutter Maria (8. Dezember)

Liturgischer Gruß:

Der Herr, der seine Mutter Maria mit Makellosigkeit und Reinheit ausgestattet hat, sei mit euch.

Kyrie-Rufe:

Herr Jesus Christus,
du hast dir unter uns Menschen eine würdige
Wohnung ausgesucht.
Du hast menschliches Fleisch angenommen, um uns auf unsere
göttliche Bestimmung zu verweisen.
In deiner Mutter Maria erkennen wir, wie sich ein Mensch
vorbehaltlos für Gott entscheiden kann.

Gedanken
zum **Evangelium** nach **Lk 1,26-38**

Du wirst ein Kind empfangen

Die Adventzeit mit dem heranrückenden Weihnachtsfest ist spürbar mehr als jede andere Zeit geeignet, von Menschen eine wahre Hoffnung und einen echten Glauben zu fordern, und das nicht nur in einem mäßigen, sondern in einem verbindlichen und großartigen Ausmaß.
Die Menschen brauchen Glauben, sie brauchen Gott, um richtig leben und überleben zu können.
Das heutige Fest schärft unseren Blick auf die einzige Person, die begriffen und verstanden hat, worauf es in diesem Leben wirklich ankommt, die sich zugleich aber vorbehaltlos Gott zur Verfügung gestellt hat.
Im Advent kommen wir unausweichlich immer auf Maria zurück.
Der Advent ist wahrlich eine Gedenkzeit an Maria, die alle Jahrtausende des Wartens auf den Erlöser zusammenfasst.
Die Verkündigung, die den Glauben Mariens und das stille Vertrauen be-

zeugen, wie Menschen zu Gott stehen können und wie Gott unauffällig wirkt, sogar wie er unbemerkt unter den Menschen weilt. *Maria allein trägt neun Monate lang das Heil, das göttliche Geheimnis, die Gottheit selbst, die sich in die menschliche Innerlichkeit Mariens kleidet. Ihre Mutterschaft, ihr »Ja« zum Kommen Christi und daher auch ihr »Ja« zu unserem Heil, die Einheit mit Gott vor und bei der Verkündigung und die Einheit mit Christus während seines Erdenlebens, vor allem am Kreuz, machen sie zur wahren Miterlöserin, Mittlerin und auch zur Mutter aller, die wie sie Gottes Willen erfüllen.[90]*

So wollen wir am heutigen Fest ihrer unbefleckten Empfängnis ein bisschen mehr jenem Geheimnis näherkommen, das uns vor Augen führt, wie sich Gottes Vollkommenheit und Reinheit in einem Menschen widerspiegelt.

Maria ist das Meisterwerk der Schöpfung, einer neuen Schöpfung. Gott verleiht ihr im Hinblick auf die Menschwerdung seines Sohnes und die durch ihn erworbenen Verdienste die Möglichkeit, makellos empfangen und geboren zu werden. Dieses Geheimnis gehört zur Schaffung der neuen Morgenröte. Wie Eva zur Mutter aller Lebenden, so ist Maria zur Mutter aller Erlösten geworden.[91]

Was bedeutet dieses Geheimnis in der Sprache des jetzigen Menschen? Jeder kann dank der göttlichen Gnade vor Gott, der die pure Reinheit und Vollkommenheit, die wahre Liebe und Geborgenheit ist, bestehen. Keiner sollte vergessen, welchen Ursprungs er selbst, aber auch die Welt ist.

Da Maria in der ganzen Menschheitsgeschichte die Einzige bleibt, die dem Anspruch Gottes und seiner liebenden Vorsehung gänzlich entsprochen hat, will sie auch uns helfen, so zu leben, wie es Gott gefällt.

Maria hatte im Glauben den Mut, auf den Gott des Unmöglichen zu vertrauen und ihm die Lösung ihrer Probleme zu überlassen, denn ihr Glaube war vollkommen.[92]

»Selig bist du, weil du geglaubt hast«, sagt Elisabet bei ihrer Begrüßung (vgl. Lk 1,45).

---

[90] vgl. C. Carretto, In der Wüste bist du …, op. cit., S. 152.
[91] vgl. ibidem, S. 152-153.
[92] vgl. C. Carretto, Gib mir deinen Glauben, Freiburg im Breisgau 1990, S. 19.

So ehrt die Kirche Maria nicht nur als eine Person, die ihre vollkommene Hingabe an Gott gelebt hat. In ihr erblicken wir die zukünftige Welt, die schon mitten unter uns begonnen hat, eine Welt, die in Harmonie mit dem Schöpfer und mit seinem Willen lebt und kommuniziert. Maria kann uns glauben helfen, damit wir ausreichend Kraft haben, um nach Gottes Vorsehung leben zu können.

Die Menschen wissen nicht um ihre eigene Zukunft und um die Zukunft der Welt. Mit Maria hat eine wunderbare Zeit für die Menschheit begonnen, weil sie ihr »Ja« gesagt hat. Mit ihr können auch wir in eine sichere Zukunft blicken, wenn wir dem täglichen Angebot Gottes, das an uns ergeht, offen bleiben. So werden wir in kleinsten Ereignissen entdecken, wie Gott wirkt und hinter allem steht.

Mariä Aufnahme in den Himmel (15. August)

Liturgischer Gruß:

> *Der Herr, der immer auf der Seite des Menschen steht,*
> *sei mit euch.*

Kyrie-Rufe:

> *Herr Jesus Christus,*
> *du hast uns einen klaren Blick für den Himmel verliehen,*
>   *damit wir nicht zu stark am Irdischen haften.*
> *Durch deine Himmelfahrt wissen wir um das Ziel unseres*
>   *irdischen Lebens, trotzdem beachten wir das*
>   *Unvergängliche viel zu wenig.*
> *Durch die Aufnahme deiner Mutter Maria*
>   *in die Herrlichkeit hast du uns ein untrügliches Zeichen*
>   *unserer eigenen Bestimmung vor Augen gestellt,*
>   *uns fehlt aber im Alltag diese Zielstrebigkeit nach dem*
>   *Himmel und die ausschließliche Orientierung auf Gott hin.*

Gedanken
zum **Evangelium** nach **Lk 1,39-56**

> *Siehe, von nun an preisen mich selig alle Geschlechter*

Am heutigen Fest der Aufnahme Mariens in den Himmel richten wir unse-ren Blick nach oben. Dieses Fest erinnert uns daran, dass wir für den Himmel geschaffen sind, wo die Muttergottes bereits angelangt ist und uns erwartet.[93]

Aus diesem Blickwinkel gewinnt dieses Fest für uns Menschen des 21. Jahrhunderts eine besondere Bedeutung, weil wir nicht nur das Ge-heimnis der Muttergottes betrachten, sondern daraus jene Erkenntnis für uns erlangen können, die überhaupt die wesentliche Dimension der

---

[93] vgl. Johannes Paul II, Erhebt eure Herzen zum himmlischen Vater, Angelus am
1. Nov. 2000.

menschlichen Existenz betrifft, nämlich dass das Leben irdische Grenzen übersteigt.

Wir sind zu einem wahren Leben in Glück und Freude geschaffen, ohne Sorgen und Mühsal, ohne Probleme und Schwierigkeiten.

Das heutige Fest ist wie ein Wegweiser im Leben des Glaubens. Es zeigt uns ein sicheres Ziel. Es ist zugleich die Bestätigung des Osterfestes. *Es ist das Ostern Mariens, das Scheiden aus diesem Leben und das Eingehen in die Herrlichkeit.*[94]

Maria ist die Erste, die ihrem Sohn, der allen Menschen den Weg zum Himmel eröffnet, folgt. Maria ist zugleich die Erste, die am Sieg über den Tod teilnimmt. Wer sollte sonst als Erster am Erlösungswerk des Herrn Anteil haben, wenn nicht Maria, seine Mutter? *Und wer gehört mehr zu Christus als seine Mutter? Wer wurde mehr als sie durch ihn erlöst? Wer stand in engerer Mitwirkung bei seinem Erlösungswerk als sie durch ihr »fiat« (das Ja-Wort) bei der Verkündigung und durch ihr »fiat« am Fuße des Kreuzes?*[95]

Dadurch ist sie auch Mutter unserer Hoffnung, einer Hoffnung, dass auch wir dorthin gelangen, wohin sie uns vorausgegangen ist.

Darum lasst uns unsere Herzen zum himmlischen Vater erheben, damit die Worte, die wir während jeder hl. Messe wiederholen, dass wir die Herzen beim Herrn haben, nicht zum Lippenbekenntnis, sondern zur vollen Überzeugung werden und dass unsere Herzen wirklich dort verankert seien, wo alle Sehnsüchte des Lebens gestillt werden.

Lasst uns die Herzen zum Vater auch gerade dann erheben, wenn es uns schlecht geht, wenn uns vieles bedrückt und wir nicht wissen, wie es weitergehen soll.

Gerade in solchen Augenblicken dürfen weder Fatalismus noch Resignation die Oberhand über uns gewinnen.

Wir müssten in unserem Leben, egal, was auch auf uns zukommen mag, optimistisch dem Willen des Vaters vertrauen, der zwar Maria manches Leid nicht erspart hat, sie dennoch auf dem Weg sicher geführt hat. Er hat sie nie im Stich gelassen.

---

[94] C. M. Martini, Christus entgegengehen, Freiburg im Breisgau 1991, S. 246.

[95] vgl. Johannes Paul II, Aus der Kraft ..., op. cit., S. 246.

Auch wenn wir manchmal meinen, von Gott verlassen zu sein, wacht dennoch sein Auge über uns.

Im Hinblick auf das Zukünftige, uns Erwartende versuchen wir als Pilger auf dieser Erde, nicht an vergänglichen Gütern zu hängen, sondern jeden Tag das Reich Gottes zu suchen und auf die göttliche Vorsehung zu vertrauen. Wenden wir uns gern Maria zu, damit sie uns auf dem irdischen Weg begleite und uns in jedem Augenblick beistehe, jetzt und in der Stunde unseres Todes.[96]

---

[96] vgl. Johannes Paul II, Erhebt ..., op. cit.

Allerheiligen

Liturgischer Gruß:

> *Der Herr, der jedem Glückseligkeit zugedacht hat,*
> *sei mit euch.*

Kyrie-Rufe:

> *Herr Jesus Christus,*
> *du bist der sichere Weg zum Vater.*
> *Du bist unser Leben und unsere Hoffnung.*
> *Du bist die Erfüllung und Vollendung unserer Sehnsucht.*

Gedanken
zum **Evangelium** nach **Mt 5,1-12a**

> *Freut euch und jubelt*

Es genügt nicht, unserem Leben mehr Jahre zu geben. Wir müssen unseren Jahren mehr Leben geben, hat einmal Kard. Joseph Höffner gesagt.[97]
Es gehört zu einer unbestrittenen Tatsache, dass die Menschen in den hochentwickelten Ländern immer länger leben. Es wird auch stets daran gearbeitet, das Leben immer noch zu verlängern. Alles, was dem menschlichen Leben dient, ist natürlich gutzuheißen, weil dank der medizinischen oder technischen Entwicklung sehr vielen vielfach geholfen werden kann.
Niemand darf jedoch vergessen, dass auch das Sterben zur irdischen Realität gehört. Es ist egal, ob ein Leben kurz oder lang währt.
In der neuen Wirklichkeit bei Gott werden wir nicht nur mit anderen Maßstäben, sondern mit noch unvorstellbareren Gegebenheiten, die all unser Fassungsvermögen übersteigen, konfrontiert werden.
Wir wissen dennoch, dass die Gegenwart eine feste Grundlage für das Jenseits bildet.

---

[97] J. Kard. Höffner, in L'Osservatore Romano (deutsche Ausg.), Nr. 29/2004, S. 3.

So werden uns aufs Neue am Allerheiligenfest die Worte des Evangeliums von den Seligpreisungen vorgetragen, die wie ein Anruf, wie eine Zusage und wie ein herzlicher Appel an all jene gerichtet sind, die sehnsüchtig und hoffnungsvoll auf die Begegnung mit dem gerechten und liebenden Gott warten.

Würden wir die Worte Jesu ernst nehmen, müsste in uns Menschen des 21. Jahrhunderts erneut die Frage nach dem Stellenwert der irdischen Strebungen entstehen. Denn vieles, wonach die Menschen trachten, wie Macht, Reichtum, Eroberung, Ansehen, Einfluss usw., bleibt in den Augen Gottes unwichtig und kann sogar hinderlich sein, das Wesentliche der ganzen menschlichen Existenz zu erreichen, nämlich das ewige Heil.

Der Mensch darf seine Zukunft bei Gott, die nie enden wird, keineswegs vergessen. Eben auf der Basis des Erwarteten müsste er bewusst die geschenkten Tage und Jahre seines Lebens gestalten. Er weiß ja nie, wann es so weit sein wird, dass Gott ihn zu sich ruft.

Das heutige Evangelium stellt zweifellos eine Mahnung an die Sorglosen, die Machhaberischen, die Einflussreichen, die Herrschenden, die Kriegführenden und an die, die Gewalt anwenden, dar. Sie versichert zugleich eine echte Chance allen, die hier und jetzt zu kurz kommen, die um ihre Rechte kämpfen müssen, die durch Ungerechtigkeit benachteiligt, ausgebeutet und betrogen werden, also an die in Armut Lebenden, weil andere sich auf ihre Kosten bereichern, die keine Liebe, Warmherzigkeit und keinen Frieden erfahren, die ihr Leben vielleicht verfluchen, weil sie keinen Ausweg aus ihrer Situation sehen und keine Hoffnung auf ein besseres Morgen haben.

Die Worte Christi klingen nicht nur optimistisch, sie versprechen eine Genugtuung, die nur Gott geben kann.

In diesem Sinn kann, ja muss sogar auch der Tod als Gewinn angesehen werden.

»Der Tod des Christen ist nicht der Untergang eines guten, er ist der Aufgang eines besseren Lebens«, hat der hl. Augustinus gesagt.

Bitten wir also den Herrn um die wahre Erkenntnis, wie wir unser jetziges Leben sinnvoll gestalten sollten, damit wir nicht nur mehr Jahre, sondern mehr Leben aus Gott, aus dem festen Glauben und aus der echten Liebe aufzuweisen haben.

Ich möchte diese Betrachtung mit dem Gedicht eines mir unbekannten
Verfassers schließen:

Ein Lebensjahr beginnt erst leise,
es tastet sich von Tag zu Tag
und setzt sich fort wie eine Reise.
Glücklich hernach, wer sie gewagt.

Wie war es noch, denkst du zurück,
an leichten und an schweren Tagen?
Was brachte dir am meisten Glück
und woran gab es schwer zu tragen?

Lass dich
von Gott mit seiner Kraft beschenken
bei allem, was dir in den Weg gelegt.
Denn er, der Schöpfer,
kann am besten lenken.
Und was aus seiner Hand kommt,
das belebt.

Allerseelen

Liturgischer Gruß:

Der Herr, der in seiner Güte den Verstorbenen die Chance der Reinigung ihrer Seele schenkt, sei mit euch.

Kyrie-Rufe:

Herr Jesus Christus,
du bist in deiner menschlichen Natur sündenlos geblieben.
Du spiegelst die Vollkommenheit und die Heiligkeit
*   des Vaters wider.*
Du bist wahres Leben für alle, die Gott suchen.

Gedanken
zum **Evangelium** nach **Joh 14,1-6**

Euer Herz lasse sich nicht verwirren

Der christliche Glaube stellt nicht nur eine Existenzreligion dar, die ein besseres und erfülltes Leben nach dem Tod verspricht, sondern er gehört auch zu den einzigen und wahren Säulen der menschlichen Existenz überhaupt, die den Menschen dank der Lehre, vor allem aber dank der Auferstehung Jesu Christi das wahre Leben nach dem Tod bekundet.

Dies ist ein Zeugnis vom Leben, das die unendliche und vollkommene Liebe Gottes umfasst, jene Liebe, die nicht nur dem ganzen Universum gilt, sondern und vor allem den Menschen, seinen Ebenbildern, die hier leben, aber auch denen, die die Grenze des Todes schon überschritten haben.

Diese unendliche Liebe Gottes, die sich in ihrer ganzen Fülle erst nach dem irdischen Leben zeigt, nehmen jene, die von uns gegangen sind, so wahr, dass sie sich nichts anderes wünschen, als einzig und allein mit Gott vereint zu sein.

Den Zustand, in dem sich die Seelen befinden, nennen wir *»Purifikation – Reinigung«*. Der Begriff *»Fegefeuer«*, obwohl er in seinem Wortlaut abschreckend klingen mag, zeugt gewissermaßen von jenem Feuer der Liebe Gottes, die alles Unheilige, Unvollkommene, Sündhafte, was die Seelen von ihm noch trennt, beseitigt. Wie diese Reinigung im Jenseits geschieht, wissen wir nicht. Wir wissen aber, dass die Seelen dankbar sind, diese Möglichkeit nützen zu dürfen.

»Das Fegefeuer« gehört also zu den großen Taten der Liebe Gottes, die die Menschen nach dem Tod als eine Gnade und ein Geschenk erleben werden.

Dadurch wird allen, die trotz ihrer Bemühungen sündhaft und unvollkommen geblieben sind, die in ihrem Herzen jedoch Gott gesucht und sich bemüht haben, ihn zu lieben, seinen Willen, seine Vorsehung respektiert und angenommen haben, ermöglicht, die Mängel der irdischen Zeit zu kompensieren.

Das von Gott gesetzte Ziel, den Menschen an seinem Glück teilnehmen zu lassen, gehört zur größten Gnade, die sich niemand verdienen kann. Es ist, wie schon gesagt, einzig und allein ein Geschenk Gottes!

Um die Möglichkeit bzw. die Chance des Reinigungsprozesses besser zu verstehen, dürfen wir nicht vergessen, mit wem wir es zu tun haben. Gott ist in seiner Größe nicht nur vollkommen, heilig und allmächtig. Er ist in seiner Liebe so rein, wie die Liebe selbst.

Es ist uns allen selbstverständlich, dass nur Gott »der Heilige« ist und dass jeder, der die Vereinigung mit ihm anstrebt, seine Heiligkeit ausweisen muss. Die Heiligkeit kann unter uns nur dort sein, wo uns Gottes Gnade ermöglicht, seine Heiligkeit im Spiegel unseres Tuns aufscheinen zu lassen.[98]

Darum seien wir Gott, dem liebenden und barmherzigen Vater, der seine Ebenbilder, seine Kinder, unendlich liebt und kein einziges Kind verlieren will, dankbar, dass wir bei ihm und dank ihm unsere Vollkommenheit und Teilnahme an der Freude des Himmels erlangen dürfen.

Der heutige Allerseelentag müsste eigentlich als Tag der großen Hoffnung und der unbeschreiblichen Dankbarkeit für die Güte und die Liebe Gottes, die allen erwiesen ist, die ihre Hoffnung auf ihn gesetzt haben, gefeiert werden.

---

[98] vgl. H. Zeller, Vertiefter Glaube, Innsbruck 1979, S. 147.

Dank der Liebe Gottes dürfen wir uns und dürfen sich alle Menschen einer Zukunft im Jenseits erfreuen, die unseren göttlichen Ursprung gänzlich zur Geltung kommen lässt.

Erntedankfest

Liturgischer Gruß:

> *Der Herr, der jedem die Teilnahme am Reichtum seiner*
> *Schöpfung zugänglich machen will, sei mit euch.*

Kyrie-Rufe:

> *Herr Jesus Christus,*
> *aus deiner liebenden Hand empfangen wir reiche Gaben,*
> *die allen zuteil werden sollen.*
> *Deine Vorsehung überschreitet unsere menschliche Vorstellung*
> *und unser Können.*
> *Du hast uns zu Mitarbeitern in der Schöpfung auserwählt.*

Gedanken
zum **Evangelium** nach **Lk 17,11-19**

> *Gott sei uns gnädig und segne uns (Ps 67,2)*

Der Mensch ist nicht nur erschaffen worden, um zu arbeiten, sondern um sein Leben auf Erden zu gestalten.

Zur Entfaltung der menschlichen Fähigkeiten und zur Sicherung seiner Existenz braucht er jedoch die eigene Betätigung und die Arbeit der anderen. Zu einer gewissen Einzigartigkeit des Menschen gehört seine Berufung zur Arbeit, also zu einer zweckentsprechenden Tätigkeit, in dem Sinn aber, dass er sich durch seine Arbeit richtig verwirklichen und entfalten kann.

Die Arbeit des Menschen, die im Einklang mit der Natur steht, wird nicht nur schöpferisch sein, sie wird dem Gebot Gottes »Macht euch die Erde untertan!« Rechnung tragen. Eine Arbeit aber, die der Mensch nur um der Arbeit willen und um des Gewinnes willen verrichtet, wird weder der Schöpfung noch ihm selbst dienen. Diese wird immer durch die zerstörerische und irreführende Kraft des Eigennutzes und der Rücksichtslosigkeit gesteuert.

Wo der Mensch während seiner Arbeit zu denken aufhört, dort verliert er das Gleichgewicht zwischen dem Vorhandenen und der aufgewendeten Mühe, sogar zwischen der Fruchtbarkeit der Schöpfung und seinem eigenen Beitrag, z. B. zum Bebauen der Felder und Äcker.

Die Natur dürfte man nicht nur mit den Händen anfassen, sondern man müsste sie mit dem Herzen berühren. Erst dann würde man eine richtige Einstellung zu ihr und zu den in ihr verborgenen Werten entdecken. Der Mensch könnte auf diese Weise bald wieder jede kleinste Blume, jeden kleinsten Samen, jede zarteste Farbe mit den Augen des Herzens sehen und er würde nicht leichtfertig diese Kostbarkeiten zerstören.

Wenn wir am heutigen Tag in erster Linie für die Früchte der Erde und in zweiter Linie für die Früchte der menschlichen Arbeit Gott danken, wollen wir dies im Bewusstsein jener Erkenntnis tun, die uns wiederum zum Ursprung aller Dinge und zum Sinn unserer Handlungen hinführt.

In der heutigen Zeit glaubt der Mensch, so wichtig zu sein, dass er auf alles andere vergisst, nämlich sogar darauf, dass er und alles ohne Gott »tot« ist.

Darum wollen wir nicht nur für die Früchte der vergangenen Saison wirklich und von ganzem Herzen danken, wir wollen in all den kleinsten Teilchen und Mikroelementen der Natur Gottes schöpferische und lebenspendende Kraft entdecken.

Uns Christen wird eben in dieser oft so gottlosen Zeit die ehrenvolle Aufgabe zuteil, dass wir den anderen bei jeder Gelegenheit die Augen für die wunderschöne Welt öffnen sollen.

Wir können uns tatsächlich über jede Frucht freuen und nehmen daher jährlich freudigen Herzens alles aus Gottes liebenden Händen entgegen.

Machen wir aber auch all jene, die die Gaben als eine Selbstverständlichkeit sehen, darauf aufmerksam, dass sie auf dieser Erde nicht als Fremde, sondern als Eigentümer leben.

Viele Menschen leben weitgehend nur, um zu arbeiten.

Wir aber wollen ihnen sagen, dass ihre und unsere Arbeit, wenn sie zur Ehre Gottes gereicht, gleichzeitig unserem wahren Glück dient, das viele Menschen unserer Zeit verzweifelt zu suchen trachten.

Beim heutigen Erntedankfest wollen wir nicht nur die geernteten Früchte im Blickfeld haben, sondern Gott im weitesten Sinn für alle Gaben, die er uns schenkt, von ganzem Herzen danken.

Erntedank soll nicht nur ein Fest des Erkennens der allgemeinen Vorsehung Gottes sein, sondern ein Fest glühenden Glaubens an den gütigen und sorgenden Vater, der mit uns das Beste vorhat und für uns immer das Allerbeste will.

Stellenregister aus den Evangelien

Josef Wilk
VERMÄCHTNIS DES HERRN
Zum besseren Verständnis der hl. Messe

PARVIS-VERLAG, CH-1648 Hauteville/Schweiz

Es gehört zu den großen Bestrebungen der katholischen Kirche, den Zugang zu den Glaubensgeheimnissen so zu erörtern, dass die Gläubigen diese bewusster erleben und besser verstehen können. Zu Beginn des neuen Jahrtausends will die Kirche wieder auf die zentrale Bedeutung der Eucharistie aufmerksam machen.

64 S., 13 x 20 cm
€ 5,–
ISBN 3-907525-97-3

Entdecken auch wir aufs Neue die Stellung der Eucharistie in unserem Leben!

»Die Handreichung über die Eucharistie ist gut leserlich, einfach und klar. Viel Erfolg beim Publizieren mit meinem Segen.«

Kardinal Dr. Christoph Schönborn
Erzbischof von Wien

Josef Wilk
HERZ DES SONNTAGS
**Gedanken zu den Evangelien
der Lesejahre A, B und C**

**mit einem Vorwort von
Kardinal Christoph Schönborn**

OTTO MÜLLER VERLAG

Die Betrachtungen zu den Sonn- und Feiertagsevangelien für die drei Lesejahre A, B und C bieten eine praktische Handreichung für alle, die im Dienst der Verkündigung stehen, aber auch für jene, die das Bedürfnis einer authentischen Auslegung des Wortes Gottes verspüren.

In klarer Sprache, die der heutigen pastoralen Situation angepasst ist, versucht der Verfasser, auf die Probleme und Nöte der Gläubigen einzugehen. Josef Wilk gibt uns praktische Anleitungen, um dem Wesentlichen auf die Spur zu kommen, indem er zeigt, wie Gottes- und Nächstenliebe wachsen und sich vertiefen können. Dabei hat er die Sorgen und Nöte der Menschen von heute vor Augen und sein Buch durch Hinweise zu konkreten existentiellen Problemen bereichert.

384 S., geb.
€ 22,–
ISBN 3-7013-1051-3

Eine zeitgemäße und leicht zugängliche Anregung, Quelle und Hilfe für alle, die das Wort Gottes verkünden oder sich selbst aktiv mit seiner Auslegung befassen möchten.